Thomas Jaenisch - Felix Rohland

myboshi **mützenundmehr**
(kinder)mützen, accessoires und taschen im boshi-style

Thomas Jaenisch - Felix Rohland

myboshi **mützenundmehr**
(kinder)mützen, accessoires und taschen im boshi-style

Inhaltsverzeichnis

Vorwort s. 6-7

Ich hätt' da mal 'ne Frage s. 8-13

Boshi-Anleitungen und Stories s. 14-93

Häkeln Basics s. 94-111

Impressum s. 112

Vorwort

Mützenmacher wollen mehr als nur Mützen

In unserem ersten Buch haben wir uns auf unser Hauptgeschäft konzentriert – im Entwerfen von Boshis sind wir nämlich Profis. Allerdings schwirren in unseren Köpfen auch noch viele andere Ideen herum, die wir leider nicht im Konfigurator auf unserer Homepage anbieten können.

Handarbeit in großen Stückzahlen herzustellen ist nicht so einfach, wie manch einer denken mag. Die Produktionszeiten sind entscheidend, die angebotenen Boshis müssen schnell fertig werden, gut aussehen und in möglichst vielen Farbkombinationen erhältlich sein.

Immer öfter wird jedoch nachgefragt, ob wir nicht einen passenden Schal zur Boshi oder auch Handschuhe anbieten könnten. Machbar ist alles, lautet unsere Antwort, und genügend Ideen hätten wir auch.

Taschen zu häkeln ist allerdings sehr zeitintensiv, deshalb können wir sie nicht in unserem Onlineshop anbieten. Die Anleitungen zu entwickeln und zum Selbermachen zur Verfügung zu stellen ist dagegen kein Problem. Im Gegenteil, dann muss die Arbeitszeit nicht mehr in die Kalkulation einfließen!

Logischerweise haben wir dieses Buch deshalb auch „Mützen und mehr" genannt. Vieles, das wir gerne anbieten würden, das aber zu zeitaufwendig ist, beispielsweise Schals, Handschuhe und Taschen, kannst du nun im Boshistyle selbst anfertigen und so deine Boshis mit coolen Accessoires ergänzen. **<<**

Das Interwiew

Das Interview

Ich hätt' da mal 'ne Frage

Seit wir 2009 in Japan das Häkeln für uns entdeckten und anschließend aus einer Schnapsidee ein richtiges Unternehmen wurde, ist viel passiert. Nie hätten wir uns träumen lassen, dass myboshi zu einer richtig bekannten Modemarke werden könnte, und doch sind wir jetzt in aller Munde. Der Erfolg unseres ersten Buches mit Häkelanleitungen für Selfmade-Boshis hat uns trotzdem überrascht – und natürlich riesig gefreut!

Was seitdem geschah ...

Das Interview

„Trotz des Erfolges wollen wir weiterhin so bleiben, wie wir schon immer waren." Felix

Die Popularität eurer Häkelmützen reißt nicht ab. Das erste Buch mit Boshis zum Selberhäkeln war ein echter Erfolg. Wart ihr überrascht, wie gut es sich verkauft hat?

Felix: Dass unsere konfigurierbaren Boshis gut ankommen, wussten wir bereits. Dass sich der Trend auch im Bereich Selfmade-Boshis fortsetzt, hat uns tatsächlich überrascht. Wir freuen uns sehr, dass wir einen deutschland-, wenn nicht sogar weltweiten Trend erschaffen konnten.

Gibt es auch prominente Boshi-Träger?

Felix: Beim gescheiterten Versuch, auf der ISPO mit Michael Schumacher ins Gespräch zu kommen, haben wir Kathrin Müller-Hohenstein getroffen und ihr eine Boshi geschenkt. Sie wurde daraufhin von Fans mit ihrer Niseko beim Spazierengehen in München gesichtet. Seit der Verleihung des Mittelstandslöwen 2012 hat auch unser Bundesinnenminister Dr. Hans-Peter Friedrich eine Boshi.

Boshi [boschi]

1) japanisch für Mütze
2) Häkelmützen-Unikat. Mit den Häkelanleitungen dieses Buches kann sich jeder seine Boshi selbst häkeln.
3) Selfmade-Accessoires im Boshi-Style für ein perfektes Outfit.

Wer hat's erfunden? Thomas (links) und Felix (rechts) hat das Häkelfieber gepackt.

Felix: Die Zeitschriften Instyle und Glamour haben bereits Brad Pitt und Olli Murs Boshis angedichtet. Wir fühlen uns natürlich sehr geschmeichelt, auch wenn wir wissen, dass diese Stars nur Mützen im Boshi-Look tragen und keine echten Boshis.

Thomas: Kürzlich hat der amerikanische Rapper und Hollywoodstar Kinetic Murray mehrere Boshis bestellt. Auch einige andere bekannte Persönlichkeiten haben bei uns geordert – allerdings für den privaten Gebrauch, deshalb bleiben diese Kunden geheim! Da Boshis aber Kopfbedeckungen für jedermann sind, sind uns unsere Fans und Teamrider wichtiger als die großen Promis.

Das Interview

myboshi [mei boschi]

Label für outdoor-erprobte Häkelmützen made in Germany, erreichbar unter www.myboshi.net. Gegründet 2009 von **Thomas Jaenisch** und **Felix Rohland** aus Oberfranken.

Worüber freut ihr euch mehr: Wenn ihr eine Original-Boshi seht oder eine mit Selfmade-Etikett?

Felix: Da haben wir keine Präferenzen. Wir freuen uns über jeden, der sich vom Boshi-Fieber anstecken lässt und ein Teil der Boshi-Fangemeinde wird.

Wenn ihr die Entstehungsgeschichte von myboshi in drei Sätzen zusammenfassen müsstet: Welche wären das?

Felix: Wir haben an einer in Japan entstandenen „Schnapsidee" festgehalten und uns nicht beirren lassen. Die Kunden haben die Möglichkeit bekommen, selbst Mützendesigner zu werden. Gleichzeitig haben wir es geschafft, ein richtiges Unternehmen aufzubauen.

Was ist eurer Meinung nach das Erfolgsgeheimnis von myboshi?

Thomas: Authentizität, Bodenständigkeit, Individualisierbarkeit, Made in Germany und die soziale Komponente.

Haben das Kennenlernen des Häkelns, der jetzige Erfolg von myboshi und der Weg dahin euch verändert?

Felix: Dank unserer Häkelnadeln sind wir in vielen Lebensbereichen um viele tolle Erfahrungen reicher geworden. Wir haben jede Menge interessante Menschen kennengelernt, zwei Bücher geschrieben und waren im Fernsehen. Ansonsten sind wir der Meinung und haben auch künftig das Ziel, weiterhin so zu sein, wie wir schon immer waren. Aber wir freuen uns darüber, täglich ein Stück mehr Verantwortung übernehmen zu können.

Häkeln ist cool!

„Wir haben rund um unsere Boshis so viel Interessantes, Fantastisches und Erzählenswertes erlebt!" Thomas

Was war euer bisher bestes Erlebnis im Zusammenhang mit myboshi?

Thomas: Da können wir eigentlich kein besonderes Ereignis herausgreifen. Wir haben rund um unsere Boshis so viel Interessantes, Fantastisches und Erzählenswertes erlebt, dass es unfair wäre, ein Erlebnis als besonders erwähnenswert ins Rampenlicht zu stellen! Wir freuen uns auf jeden Fall über die Geschichten, in denen uns Boshiträger und Boshimacher von ihren super Erlebnissen erzählen. Und da gibt es wirklich spannende Geschichten! Ein paar davon erzählen wir in diesem Buch.

Wie soll es mit myboshi weitergehen, was sind eure Pläne für die (nahe und ferne) Zukunft?

Thomas: Wir wollen erreichen, dass myboshi ein sehr bekannter Markenname wird – mehr noch, als er schon ist. Zusätzlich möchten wir den „Selfmade-Bereich" weiter ausbauen und jedem Boshi-Macher viele Erleichterungen und Innovationen vorstellen. Ein Grundstein dazu ist dieses zweite Buch!

Jaenisch, Thomas,

Jahrgang 1984, zusammen mit >> **Felix Rohland** Gründer und Geschäftsführer von myboshi aus Oberfranken. Stammt aus Konradsreuth, lebt heute in Hof. Sportbegeisterter Outdoormensch, Skilehrer, Freerider. Interessiert an Wirtschaft, Politik und Zeitgeschehen. Passionierter Häkler, fertigt nach wie vor die Prototypen für >> **myboshi** an.

Rohland, Felix,

Jahrgang 1985, zusammen mit >> **Thomas Jaenisch** Gründer von myboshi aus Oberfranken. Stammt aus Helmbrechts in Oberfranken, lebt heute in München. Begeisterter Outdoor- und Wintersportler, Skilehrer. Häkelmützenträger aus voller Überzeugung. Wenn er seine >> **Boshi** mal nicht dabei hat, häkelt er sich schnell eine.

Boshi-Anleitungen und Stories

Häkle dir deine
Boshi-Welt!

Wer sich in die faszinierende Welt des Häkelns begibt und sich seine Boshi selber macht, wird mit einem ganz individuellen stylischen Häkelteil belohnt! Und eine Boshi kommt selten allein. Wenn du erst mal mit dem Häkeln begonnen hast, wirst du merken: Diese Mützen machen süchtig!

Damit die Boshi auf dem Kopf nicht so allein ist, erfährst du auf den nächsten Seiten, wie du dir eine ganze Boshi-Welt häkeln kannst: Neue Mützenmodelle, Kindermützen, Schals, Handschuhe, Stulpen und Taschen — da ist für jeden was dabei! Zur Erholung in der Häkelpause gibt es dann auch immer mal wieder unterhaltsame Stories!

Ikoma für Erwachsene*)

Schwierigkeitsgrad ✗

Boshi-Anleitung

Bis zum Ende der 4. Rd wird die Mütze in beiden Größen (M und L) gleich gehäkelt.
Die Mütze in der oberen Mitte beginnen. 4 Lm in Fb 1 anschlagen und mit 1 hStb in die 1. Lm zum Ring schließen. Weiter hStb in Rd häkeln.

1. Runde
11 hStb in den Anfangsring häkeln.
2. Runde
Jede M verdoppeln: Dazu 2 hStb in jede M der Vor-Rd häkeln = 22 M.
3. Runde
Jede 2. M verdoppeln = 33 M.
4. Runde
Jede 3. M verdoppeln = 44 M.
5. Runde
Jede 6. M verdoppeln = 51 M.

Nur Größe M
6.-16. Runde
11 Rd hStb ohne weitere Zunahmen häkeln.

Nur Größe L
6. Runde
Jede 12. M verdoppeln = 55 M.
7.-17. Runde
11 Rd hStb ohne weitere Zunahmen häkeln.

Beide Größen
Die Mütze wenden und 1 Rd fM um die gesamte Kante arbeiten.

Fertigstellen
Alle Fadenenden vernähen und das Label annähen.

*) Auf Seite 19 gibt's die Ikoma für Kinder!

Fb = Farbe(n) >> fM = feste Masche(n) >> hStb = halbe(s) Stäbchen >> Km = Kettmasche(n) >> Lm = Luftmasche(n) >> M = Masche(n) >> R = Reihe(n) >> Rd = Runde(n) >> Stb = Stäbchen >> U = Umschlag >> wdh = wiederholen

Grundmuster
In Rd hStb arbeiten.

Runden schließen
Die Rd immer schließen, um einen Versatz beim Farbwechsel zu vermeiden. Dazu die Rd mit 1 Km in das 1. hStb der Rd beenden. Das letzte hStb bereits in der Fb der folgenden Rd abmaschen.

Größe	XS	S	M	L
Kopfumfang	44-47 cm	48-51 cm	52-56 cm	57-60 cm

Boshi-Material
Schachenmayr/SMC Boston (LL 55 m/50 g), Fb 1: Burgund (Fb 132); Fb 2: Weinrot; Fb 3: Feuer (Fb 30) oder Fb 1: Indigo (Fb 54); Fb 2: Mosaikblau (Fb 65); Fb 3: Iris (Fb 152), jeweils 50 g
Häkelnadel 6 mm

Maschenprobe
12 hStb und 8 Rd mit Häkelnd 6 mm = 10 cm x 10 cm

Farbfolge

XS	S	M	L
4 Rd in Fb 1	5 Rd in Fb 1	5 Rd in Fb 1	6 Rd in Fb 1
4 Rd in Fb 2	5 Rd in Fb 2	6 Rd in Fb 2	6 Rd in Fb 2
4 Rd in Fb 3	4 Rd in Fb 3	5 Rd in Fb 3	5 Rd in Fb 3
1 Rück-Rd in Fb 1	1 Rück-Rd in Fb 3	1 Rück-Rd in Fb 3	1 Rück-Rd in Fb 3

Boshi-Anleitungen und Stories

Ikoma für Kinder

Schwierigkeitsgrad ✗

Boshi-Anleitung
Bis zum Ende der 4. Rd wird die Mütze in beiden Größen (XS und S) gleich gehäkelt.
Die Mütze in der oberen Mitte beginnen. 4 Lm in Fb 1 anschlagen und mit 1 hStb in die 1. Lm zum Ring schließen. Weiter hStb in Rd häkeln. Jede Rd beginnt mit 2 Anfangs-Lm und endet mit 1 Km in die obere der 2 Anfangs-Lm.

1. Runde
11 hStb in den Anfangsring häkeln.
2. Runde
Jede M verdoppeln: Dazu 2 hStb in jede M der Vor-Rd häkeln = 22 M.
3. Runde
Jede 2. M verdoppeln = 33 M.
4. Runde
Jede 3. M verdoppeln = 44 M.

Nur Größe XS
5.-12. Runde
8 Rd hStb ohne weitere Zunahmen häkeln.

Nur Größe S
5. Runde
Jede 11. M verdoppeln = 48 M.
6.-14. Runde
9 Rd hStb ohne weitere Zunahmen häkeln.

Beide Größen
Die Mütze wenden und 1 Rd fM um die gesamte Kante arbeiten.

Fertigstellen
Alle Fadenenden vernähen und das Label annähen.

Boshi-Anleitungen und Stories

noch mehr Ikoma

Bei vier Größen ist für alle was dabei!

Häklerinnen in Aufruhr

Der Entschluss, unser erstes Buch zu schreiben, bescherte uns einige negative Kommentare unserer Häklerinnen. „Das macht doch zu viel Arbeit …", hieß es da, oder: „Das braucht's doch nicht!" Das Rätselraten, warum sich unsere Häklerinnen auf einmal noch besorgter um unser Geschäft zeigten als sonst, wurde erst durch ein Gespräch beendet. „Wenn ihr ein Buch mit Boshi-Anleitungen schreibt, macht die jeder selbst, und wir haben nichts mehr zu tun!" Jetzt wussten wir, wieso unsere Häklerinnen so in Sorge waren. Sie fürchteten um ihre Arbeitsplätze! Natürlich haben wir unseren Damen die Angst schnell nehmen können. Nicht jeder Mensch kann oder will häkeln, sodass zwar alle, die möchten und wollen, jetzt selbst ihre Boshi häkeln können. Wer dazu aber weder Zeit noch Lust hat, bestellt die fertige Boshi bei uns – ganz einfach!

So ganz wollten uns die Damen das nicht glauben, aber wir beruhigten sie: „Wartet doch mal ab!" Tatsächlich kam es so, wie wir vorausgesagt hatten. Durch unser Buch waren auf einmal viel mehr Werbeträger unterwegs als vorher. Fazit: Die Bestellungen wurden nicht weniger, sondern sogar mehr. Endgültig besänftigt waren unsere fleißigen Häklerinnen, als sie das fertige Buch in Händen hielten und sich in einigen Geschichten wiedererkannten.
Mit dem Stolz, jetzt noch berühmter und in einem Buch veröffentlicht zu sein, waren sofort alle Bedenken weggewischt. Anerkennend sagte uns eine unserer älteren Häklerinnen: „Ich hab gedacht, das wird so wie jedes Anleitungsbuch, aber euer Buch ist richtig geil!"
Das finden wir übrigens auch! <<

Boshi-Anleitungen und Stories

Tobu
– was auf die Ohren

Schwierigkeitsgrad ✗

Boshi-Anleitung
In der oberen Mitte beginnen. 4 Lm anschl und mit 1 hStb in die 1. Lm zum Ring schließen.

1. Runde (Stb/fM)
11 Stb/11 fM in den Anfangsring häkeln.

2. Runde (fM/Stb)
Jede M verdoppeln: Dazu 2 fM/Stb in jede M der Vor-Rd häkeln = 22 M.

3. Runde (Stb/fM)
Jede 2. M verdoppeln = 33 M.

4. Runde (fM/Stb)
Jede 3. M verdoppeln = 44 M.

Nur Größe XS
5., 7., 9., 11. und 13. Runde
44 Stb häkeln.
6., 8., 10. und 12. Runde
44 fM häkeln.

Nur Größe S
5. Runde (fM)
Jede 11. M verdoppeln = 48 M.
6., 8., 10., 12. und 14. Runde
48 Stb häkeln.
7., 9., 11. und 13. Runde
48 fM häkeln.

Beide Größen
Für die Ohrenklappen in Reihen weiterhäkeln, dabei jede Ohrenklappe separat arbeiten. Die Arbeit am Rd-Übergang teilen und jede Ohrenklappe über die 15 M vor bzw. nach dem Rd-Übergang häkeln.

14./15. Reihe
15/16 fM häkeln.

15./16. Reihe (Stb)
2 Stb zusammen abmaschen, 11/12 Stb, 2 Stb zusammen abmaschen = 13/14 Stb.

16./17. Reihe (fM)
2 fM zusammen abmaschen, 9/10 fM, 2 fM zusammen abmaschen = 11/12 fM.

17./18. Reihe (Stb)
2 Stb zusammen abmaschen, 7/8 Stb, 2 Stb zusammen abmaschen = 9/10 Stb.

18./19. Reihe (fM)
2 fM zusammen abmaschen, 5/6 fM, 2 fM zusammen abmaschen = 7/8 fM.

19./20. Reihe (Stb)
2 Stb zusammen abmaschen, 3/4 Stb, 2 Stb zusammen abmaschen = 5/6 Stb.
Die andere Ohrenklappe genauso häkeln.

Fertigstellen
Alle Fadenenden vernähen und das Label annähen.
Die Boshi wenden und 1 Rd fM um die gesamte Unterkante häkeln.

Fb = Farbe(n) >> fM = feste Masche(n) >> hStb = halbe(s) Stäbchen >> Km = Kettmasche(n) >> Lm = Luftmasche(n) >> M = Masche(n) >> R = Reihe(n) >> Rd = Runde(n) >> Stb = Stäbchen >> U = Umschlag >> wdh = wiederholen

Größe	XS	S
Kopfumfang	44-47 cm	48-51 cm

Die Angaben für Größe XS stehen vor dem Schrägstrich, die für Größe S hinter dem Schrägstrich. Steht nur eine Angabe, so gilt sie für beide Größen.

Boshi-Material

Schachenmayr/SMC Boston (LL 55 m/50 g) in Flaschengrün (Fb 72), 150 g oder Schachenmayr/SMC Silenzio (LL 60 m/50 g) in Violett (Fb 49), 150 g und Wollweiß (Fb 01), 50 g
Häkelnadel 6 mm

Maschenprobe

12 hStb und 8 Rd mit Häkelnd 6 mm = 10 cm x 10 cm

Grundmuster

Größe S: * 1 Rd fM, 1 Rd Stb; ab * stets wdh.
Größe XS: * 1 Rd Stb, 1 Rd fM; ab * stets wdh.

Runden schließen

Die Rd immer schließen. Dazu die Rd mit 1 Km in die oberste Anfangs-Lm der Rd beenden. Jede fM-Rd mit 1 Anfangs-Lm, jede Stb-Rd mit 3 Anfangs-Lm beginnen.

Weitere Bilder auf der nächsten Seite

S. 23

Boshi-Anleitungen und Stories

noch mehr Tobu

Die Ohrenklappen halten schön warm.

Hani

Anleitung auf der nächsten Seite

Größe	XS	S
Kopfumfang	44-47 cm	48-51 cm

Boshi-Material
Schachenmayr/SMC Boston (LL 55 m/50 g),
Fb 1: Pink (Fb 35); Fb 2: Anthrazit meliert (Fb 98) oder
Fb 1: Feuer (Fb 30); Fb 2: Jeans meliert (Fb 53), je 50 g
Häkelnadel 6 mm

Maschenprobe
12 hStb und 8 Rd mit Häkelnd 6 mm = 10 cm x 10 cm

Grundmuster
In Rd hStb arbeiten.

Runden schließen
Die Rd immer schließen, um einen Versatz beim Farbwechsel zu vermeiden. Dazu die Rd mit 1 Km in das 1. hStb der Rd beenden. Das letzte hStb bereits in der Fb der folgenden Rd abmaschen.

Farbfolge
Stets 1 Rd in Fb 1 und 1 Rd in Fb 2 im Wechsel arb. Die Abschluss-Rd in Fb 1 häkeln.

S. 25

Boshi-Anleitungen und Stories

Hani
für coole Kids
Schwierigkeitsgrad x

Boshi-Anleitung
Die Mütze in der oberen Mitte beginnen. 4 Lm in Fb 1 anschlagen und mit 1 hStb in die 1. Lm zum Ring schließen. Weiter hStb in Rd häkeln. Jede Rd beginnt mit 2 Anfangs-Lm und endet mit 1 Km in die obere der 2 Anfangs-Lm.

1. Runde
11 hStb in den Anfangsring häkeln.
2. Runde
Jede M verdoppeln: Dazu 2 hStb in jede M der Vor-Rd häkeln = 22 M.
3. Runde
Jede 2. M verdoppeln = 33 M.
4. Runde
Jede 3. M verdoppeln = 44 M.

Nur Größe XS
5.-20. Runde
16 Rd hStb ohne weitere Zunahmen häkeln.

Nur Größe S
5. Runde
Jede 11. M verdoppeln = 48 M.
6.-22. Runde
17 Rd hStb ohne weitere Zunahmen häkeln.

Beide Größen
Die Mütze wenden und 1 Rd fM um die gesamte Kante arbeiten.

Fertigstellen
Alle Fadenenden vernähen und das Label annähen.

Fb = Farbe(n) >> fM = feste Masche(n) >> hStb = halbe(s) Stäbchen >> Km = Kettmasche(n) >> Lm = Luftmasche(n) >> M = Masche(n) >> R = Reihe(n) >> Rd = Runde(n) >> Stb = Stäbchen >> U = Umschlag >> wdh = wiederholen

Hani ist genau richtig für aufgeweckte Kids.

Boshi-Anleitungen und Stories

myboshi: Gefällt mir!

myboshi-Träger sind nicht nur mit Mütze, sondern auch im Internet unterwegs. Grund genug für uns, eine eigene Fan-Seite auf Facebook mit aktuellen Neuigkeiten einzurichten. Richtig Spaß macht es übrigens, wenn unsere „Fans" mit ihren Boshis etwas erleben und das auf Facebook mit uns teilen.
Nach dem Erscheinen unseres ersten Buches haben immer mehr Fans unsere Facebook-Seite besucht, um sich über Häkelthemen auszutauschen – und plötzlich waren wir Moderatoren eines Häkelforums! Da muss man einfach sagen: „Das gefällt mir!" Viele bei Facebook aufgeschnappte neue Ideen und Tricks, wie die Boshis noch schöner und besser gehäkelt werden, sind einfach spitze.
In der Zwischenzeit gibt es auch den einen oder anderen Extremboshihäkler und „private" Boshihäkelkurse per Privatnachricht. Es ist schön mitanzusehen, wie daraus eine tolle Community geworden ist, mit vielen Fans, die Boshis häkeln und tragen.
Noch nicht dabei? Wir würden uns freuen, auch dich bald auf unserer Facebook-seite begrüßen zu dürfen! Wie's geht? Entweder „myboshi" auf Facebook suchen – oder ganz einfach diesen QR-Code mit dem Smartphone einscannen:

Die schönsten Kommentare haben wir hier für dich zusammengefasst:

Hallo! Auch mich hat das Mützenfieber gepackt – habe schon einige Modelle ausprobiert. Nun die große Frage: Was tun mit soooo vielen Boshis? Ich habe festgestellt, dass wir gar nicht so viele Köpfe hier haben! :D Falls jemand sich nicht an die Häkelei rantraut – meldet euch! Regina F.

I found your book in Guetersloh and just finished my 10th boshi. The grandkids love the netlike ones for the summer. The rest are perfect for Canadian winter. Thanks for the inspiration! Gisela K.

Otaru geschafft in 2 Stunden 55 Minuten. Neuer Rekord. Peter D.

meine boshi war mal schön, bis sie mein hund hatte Andreas K.

Seit ein paar Wochen leite ich eine Freizeitgruppe in der Jugendvollzugsanstalt A. Wir häkeln My-Boshi-Mützen . Das Häkeln haben die Jungs (15 bis 21 Jahre) relativ schnell gelernt, und der Stolz und das Strahlen in ihren Augen nach der ersten selbstgefertigten Mütze sind unbeschreiblich. Im Gefängnis sind diese Mützen der Renner. Wir haben großen Spaß! Eure Anleitungen im Buch „mützenmacher" sind gut verständlich. Ein großes Lob an Euch. Annemarie N.

Habe gestern nun endlich mein langersehntes Mützenmacher-Buch bekommen; habe nun schon die vierte Boshi fertig! Absolute Suchtgefahr! Muss gleich noch mal losfahren, neue Wolle holen ;))) Andrea B.

Ich kann nicht mehr aufhören, diese Mützen zu häkeln. Ahhhh! :D Melanie W.

Also, das war gestern Nachmittag der Dämpfer des Jahrhunderts!!! Da präsentiere ich doch gaaaanz stolz auf unserer Versammlung im Verein meine ersten Boshis, und was passiert?! Ich werde mit dem Satz „Ja nee, is klar, gehäkelte Mützen" belächelt. Sind die Norddeutschen vom andern Stern oder watt?! Oder sind die Boshis hier oben noch nicht angekommen? Aber mir egal, ich häkle weiter!! Britta Z.

Meine Oma (73) hat auch das Boshi-Häkelfieber gepackt ... Hab ihr direkt mal Wolle mitbestellt, und am Wochenende bekommt sie nen „Crashkurs", damit sie bald selber Mützen häkeln kann ;-) Ma H.

Boshi gerade gekommen ! (: Ich hab' geschrien wie in der Zalando-Werbung ! :DDD Dankeeee (: Marco L.

Wieso gibt's eigentlich keine Schals von euch? Nachdem ich heute wieder mal den halben Tag unterwegs war und es saukalt war, habe ich festgestellt: Wintermütze? Check – ist bestellt. Schal? – Fehlt! Tobias Z.

Habe heute meinem 77-jährigen Vater eine Boshi dagelassen und ihm aus dem Buch vorgelesen, damit er weiß, wie „in" er ist. Ich glaub, die gefällt ihm :-)) Marion B.

Ich bin die coolste Mama der Welt! Eben habe ich noch schnell die Schildchen angenäht :O)! Nicole H.

Nachdem jetzt meine ganze Familie samt Freunden eine Boshi besitzt, habe ich wegen der Entzugserscheinungen Boshis für unsere Frühstückseier gemacht. :-D Sonja H.

wie geil ist bitte euer buch. ich bin nun leider absolut häkelsüchtig und freue mich auf jede freie minute!!! Michi L.

Also, Jungs, das Buch ist heute angekommen, und ich kann nur eins sagen: ABSOLUTE Spitze!!! Hier passt wirklich alles – Größe, Farben, Layout, Anleitungen. Super genial die Labels *freu* und als Krönung obendrauf auch noch der Konfigurator ... DANKEEE!!!!! *doppel-gefällt-mir*:-)) Lisa B.

Jippie, endlich hab ich mein „myboshi mützenmacher" bekommen! ... Klasse, Jungs, zig ***** dafür!!! Pamela M.

jjjjjjjiiiiiiipppppiiiii! mein buch ist da :-) morgen gehts los Theres W.

Boshi-Anleitungen und Stories

Atama

mal klassisch, mal schrill

Schwierigkeitsgrad ✗ ✗

Boshi-Anleitung
Die Mütze in der oberen Mitte beginnen. 4 Lm in Fb 1 anschlagen und mit 1 hStb in die 1. Lm zum Ring schließen. Weiter hStb in Rd häkeln. Jede Rd beginnt mit 2 Anfangs-Lm und endet mit 1 Km in die obere der 2 Anfangs-Lm.

1. Runde
11 hStb in den Anfangsring häkeln.
2. Runde
Jede M verdoppeln: Dazu 2 hStb in jede M der Vor-Rd häkeln = 22 M.
3. Runde
Jede 2. M verdoppeln = 33 M.
4. Runde
Jede 3. M verdoppeln = 44 M.
5. Runde
Jede 6. M verdoppeln = 51 M.

Nur Größe M
6.-16. Runde
11 Rd hStb ohne weitere Zunahmen häkeln.

Nur Größe L
6. Runde
Jede 12. M verdoppeln = 55 M.
7.-17. Runde
11 Rd hStb ohne weitere Zunahmen häkeln.

Alle Größen
Die Mütze wenden und 1 Rd fM um die gesamte Kante arbeiten.

Fertigstellen
Alle Fadenenden vernähen und das Label annähen.

Fb = Farbe(n) >> fM = feste Masche(n) >> hStb = halbe(s) Stäbchen >> Km = Kettmasche(n) >> Lm = Luftmasche(n) >> M = Masche(n) >> R = Reihe(n) >> Rd = Runde(n) >> Stb = Stäbchen >> U = Umschlag >> wdh = wiederholen

Größe
	M	L
Kopfumfang	52-56 cm	57-60 cm

Die Angaben für Größe M stehen vor dem Schrägstrich, die für Größe L dahinter. Steht nur eine Angabe, so gilt sie für beide Größen.

Boshi-Material
Schachenmayr/SMC Boston (LL 55 m/50 g), Fb 1: Schwarz (Fb 99), 100 g; Fb 2: Neon-Gelb (Fb 121), 50 g oder Fb 1: Mittelgrau (Fb 92), 100 g; Fb 2: Mosaikblau (Fb 65), 50 g
Häkelnadel 6 mm

Maschenprobe
12 hStb und 8 Rd mit Häkelnd 6 mm = 10 cm x 10 cm

Grundmuster
In Rd hStb arbeiten.

Runden schließen
Die Rd immer schließen, um einen Versatz beim Farbwechsel zu vermeiden. Dazu die Rd mit 2 Lm beginnen und mit 1 Km in die obere der 2 Anfangs-Lm beenden. Das letzte hStb bereits in der Fb der folgenden Rd abmaschen.

Farbfolge
9/10 Rd in Fb 1 häkeln, dann 1 Rd in Fb 1 und 1 Rd in Fb 2 im Wechsel häkeln. Abschluss-Rd in Fb 2/Fb 1.

Boshi-Anleitungen und Stories

noch mehr Atama

Knallig oder dezent: Die Atama kommt immer gut!

myboshi goes Moskau

Während des Studiums kann man einiges erleben, stellte Thomas fest, als er die Einladung einer Moskauer Universität erhielt, über „kreative Unternehmensgründungen ohne Startkapital" zu referieren. Aber fangen wir am Anfang an ...
Da wir ein Unternehmen gegründet hatten und uns das Rüstzeug dazu fehlte, nahm Thomas die Möglichkeit wahr, Vorlesungen zum Thema Unternehmensgründungen zu hören. Das an seiner Hochschule ansässige Gründernetzwerk „Saxeed" vermittelte die theoretischen Grundlagen. Da diese Vorlesungen vor allem für Studenten konzipiert sind, die eine besondere technische Innovation entwickeln (Thomas hat an einer technischen Universität studiert), fielen die von ihm gestellten Fragen eher unkonventionell aus. Aber die Vortragenden merkten schnell, dass Thomas tatsächlich seine „Idee" in die Tat umsetzen wollte und mit Feuer und Flamme dabei war. Wahrscheinlich war das auch der Grund, warum einer der Lehrenden eines Tages sagte: „Kannst du dir vorstellen, in Moskau einen Vortrag über kreative Unternehmensgründungen zu halten? Wir haben eine Einladung erhalten." Thomas sagte natürlich sofort zu, Flug und Unterkunft wurden nämlich gesponsert, und Moskau ist immer eine Reise wert!
In Moskau wurde die deutsche Gruppe gleich sehr freundlich empfangen und zur Unterkunft gebracht – einem echten russischen Studentenwohnheim. Die Studenten dort lernten alle Deutsch und wollten selbstredend ihre Sprachkenntnisse an den Mann bringen, sodass Thomas und die anderen sofort persönlichen Anschluss fanden. Die Gruppe wurde auch von Einheimischen durch die Stadt geführt und entdeckte auf diese Weise so manchen echten Geheimtipp, der in keinem Reiseführer steht.

Die Vorträge während der Konferenz wurden der besseren Verständigung wegen meist auf Englisch gehalten. Der Vortrag von Thomas trug sehr zur Auflockerung bei, denn auch in Russland sieht man häkelnde Männer ausgesprochen selten. Anschließend beurteilten einige Teilnehmer die Vorgehensweise, die Idee und auch die Umsetzung als sehr gelungen. Erste Kontakte wurden geknüpft, um das myboshi-Konzept in Russland umzusetzen. Leider hat es bislang nicht geklappt, aber die tollen Erfahrungen und das perfekte Networking machten diese Konferenz zu einer der schönsten und interessantesten Veranstaltungen, auf denen Thomas von myboshi erzählen durfte. **<<**

Boshi-Anleitungen und Stories

Asobi
Style von Anfang an

Schwierigkeitsgrad ✗

Boshi-Anleitung
Bis zum Ende der 4. Rd wird die Mütze in jeder Größe gleich gehäkelt. Die Mütze in der oberen Mitte beginnen. In der gewünschten Fb 4 Lm anschlagen und mit 1 hStb in die 1. Lm zum Ring schließen. Weiter hStb in Rd häkeln. Jede Rd beginnt mit 2 Anfangs-Lm und endet mit 1 Km in die obere der 2 Anfangs-Lm.

1. Runde
11 hStb in den Anfangsring häkeln.
2. Runde
Jede M verdoppeln: Dazu 2 hStb in jede M der Vor-Rd häkeln = 22 M.
3. Runde
Jede 2. M verdoppeln = 33 M.
4. Runde
Jede 3. M verdoppeln = 44 M.

Nur Größe XS
5.-13. Runde
9 Rd hStb ohne weitere Zunahmen häkeln.

Nur Größe S
5. Runde
Jede 10. M verdoppeln (= 48 M).
6.-15. Runde
10 Rd hStb ohne weitere Zunahmen häkeln.

Beide Größen
Die Mütze wenden und 1 Rd fM um die gesamte Kante arbeiten.

Fertigstellen
Alle Fadenenden vernähen und das Label annähen.

Fb = Farbe(n) >> fM = feste Masche(n) >> hStb = halbe(s) Stäbchen >> Km = Kettmasche(n) >> Lm = Luftmasche(n) >> M = Masche(n) >> R = Reihe(n) >> Rd = Runde(n) >> Stb = Stäbchen >> U = Umschlag >> wdh = wiederholen

Größe	XS	S
Kopfumfang	44-47 cm	48-51 cm

Boshi-Material
Schachenmayr/SMC Boston (LL 55 m/50 g), Fb 1: Indigo (Fb 54); Fb 2: Jade meliert (Fb 71) oder Fb 1: Anthrazit meliert (Fb 98); Fb 2: Neon-Orange (Fb 122), jeweils 50 g
Häkelnadel 6 mm

Maschenprobe
11 Stb und 6 Rd mit Häkelnd 6 mm = 10 cm x 10 cm

Grundmuster
In Rd hStb arbeiten.

Runden schließen
Die Rd immer schließen, um einen Versatz beim Farbwechsel zu vermeiden. Dazu die Rd mit 2 Lm beginnen und mit 1 Km in die obere der 2 Anfangs-Lm beenden. Das letzte hStb bereits in der Fb der folgenden Rd abmaschen.

Farbfolge

XS	S
2 Rd in Fb 1	2 Rd in Fb 1
2 Rd in Fb 2	2 Rd in Fb 2
2 Rd in Fb 1	3 Rd in Fb 1
2 Rd in Fb 2	2 Rd in Fb 2
2 Rd in Fb 1	3 Rd in Fb 1
2 Rd in Fb 2	2 Rd in Fb 2
1 Rd in Fb 1	1 Rd in Fb 1
Abschluss-Rd in Fb 1	Abschluss-Rd in Fb 1

Weitere Bilder auf der nächsten Seite

Boshi-Anleitungen und Stories

noch mehr Asobi

Die breiten Streifen machen die Asobi schön farbenfroh.

Mit myboshi auf der Schulbank

Felix ist Lehrer, Thomas nicht. Trotzdem interessiert es Thomas immer wieder, wie der Alltag des Kollegen aussieht. Kürzlich ergab sich eine perfekte Gelegenheit, mehr darüber zu erfahren. Thomas wurde von einem Münchner Gymnasium eingeladen, eine Unterrichtsstunde über Unternehmensgründungen zu halten, denn in der neunten Klasse stand dieses Thema im Wirtschaftsunterricht auf dem Programm.

Eigentlich sollte es ein Klacks sein, 45 Minuten zu unterrichten. In der Praxis ist es dann allerdings doch nicht ganz so einfach. Nur eine nette Geschichte allein reicht nicht: Ein roter Faden muss her. Vorher sollte man sich überlegen, was man vermitteln will, und – noch wichtiger! – wie man es vermitteln will. Also ran an die Powerpoint-Folien! Thomas wird sich und unser Konzept vorstellen und über Positionierung, Marketing, Finanzierung, Standortwahl und allerlei mehr erzählen. Als kleiner „Opener" ist ein Film geplant.

Schließlich stand das Konzept für die Unterrichtsstunde. Jetzt konnte eigentlich nichts mehr schiefgehen! Als Thomas am nächsten Tag in die Schule kam, wurde er jedoch gleich gewarnt, er werde mit erschwerten Bedingungen zu kämpfen haben. Zum einen sei es die sechste Stunde am Freitag, zum anderen werde in der fünften Stunde Physikschulaufgabe geschrieben. Da sei dann erfahrungsgemäß die Konzentration schon stark aufs Wochenende gerichtet ... Das sei nachvollziehbar, meinte Thomas, denn sein Erinnerungsvermögen reicht durchaus noch bis zur eigenen Schulzeit zurück.

Nach einer kurzen Einleitung der Lehrerin wurde es mucksmäuschenstill. Im Anschluss an den Film hielt Thomas seinen Vortrag. Die Schüler waren spitze, alle haben mitgearbeitet, interessante Fragen gestellt und für ihr Schulprojekt (einen eigenen Businessplan) neue Ideen gefunden. Die 45 Minuten vergingen so schnell, dass der Gong richtig überraschend kam. Den Schülern scheint es Spaß gemacht zu haben – niemand wollte gehen.

Und: Die eigenen Geschäftsideen der Schüler waren sehr interessant. Letztendlich hat Thomas in seinem Selbstversuch jedoch herausgefunden, dass Lehrer zu sein nicht so einfach ist, wie manch einer glaubt. Aber er hat auch gemerkt, dass es durchaus Spaß macht, Jugendliche mit spannenden Themen zu begeistern und ihnen etwas beizubringen.

Vielleicht wird Thomas in seinem nächsten Leben Lehrer, wer weiß das schon? <<

Sano für Erwachsene*)

Schwierigkeitsgrad ✗

Boshi-Anleitung
Die Mütze in der oberen Mitte beginnen. 4 Lm in Fb 1 anschlagen und mit 1 hStb in die 1. Lm zum Ring schließen. Weiter hStb in Rd häkeln. Jede Rd beginnt mit 2 Anfangs-Lm und endet mit 1 Km in die obere der 2 Anfangs-Lm.

1. Runde
11 hStb in den Anfangsring häkeln.
2. Runde
Jede M verdoppeln: Dazu 2 hStb in jede M der Vor-Rd häkeln = 22 M.
3. Runde
Jede 2. M verdoppeln = 33 M.
4. Runde
Jede 3. M verdoppeln = 44 M.

Nur Größe M
5. Runde
Jede 6. M verdoppeln = 51 M.
6.-16. Runde
11 Rd hStb ohne weitere Zunahmen häkeln.

Nur Größe L
5. Runde
Jede 6. M verdoppeln = 51 M.
6. Runde
Jede 12. M verdoppeln = 55 M.
7.-17. Runde
11 Rd hStb ohne weitere Zunahmen häkeln.

Beide Größen
Die Mütze wenden und 1 Rd fM um die gesamte Kante arbeiten.

Fertigstellen
Alle Fadenenden vernähen und das Label annähen.

*) Auf Seite 40 gibt's die Sano für Kinder!

Fb = Farbe(n) >> fM = feste Masche(n) >> hStb = halbe(s) Stäbchen >> Km = Kettmasche(n) >> Lm = Luftmasche(n) >> M = Masche(n) >> R = Reihe(n) >> Rd = Runde(n) >> Stb = Stäbchen >> U = Umschlag >> wdh = wiederholen

Größe
Kopfumfang

XS	S	M	L
44-47 cm	48-51 cm	52-56 cm	57-60 cm

Boshi-Material
Schachenmayr/SMC Boston (LL 55 m/50 g), Fb 1: Iris (Fb 152), 100 g;
Fb 2: Jade meliert (Fb 71), 50 g oder Fb 1: Lavendel (Fb 47), 100 g;
Fb 2: Pink (Fb 35), 50 g
Häkelnadel 6 mm

Maschenprobe
12 hStb und 8 Rd mit Häkelnd 6 mm = 10 cm x 10 cm

Grundmuster
In Rd hStb arbeiten.

Runden schließen
Die Rd immer schließen, um einen Versatz beim Farbwechsel zu vermeiden. Dazu die Rd mit 2 Lm beginnen und mit 1 Km in die obere der 2 Anfangs-Lm beenden. Das letzte hStb bereits in der Fb der folgenden Rd abmaschen.

Farbfolge

XS	S	M	L
7 Rd in Fb 1	9 Rd in Fb 1	10 Rd in Fb 1	11 Rd in Fb 1
1 Rd in Fb 2*	1 Rd in Fb 2*	1 Rd in Fb 2*	1 Rd in Fb 2*
2 Rd in Fb 1	2 Rd in Fb 1	3 Rd in Fb 1	3 Rd in Fb 1
1 Rd in Fb 2*	1 Rd in Fb 2*	1 Rd in Fb 2*	1 Rd in Fb 2*
1 Rd in Fb 1	1 Rd in Fb 1	1 Rd in Fb 1	1 Rd in Fb 1

Die Abschluss-Rd in allen Größen in Fb 1 häkeln.
*Für die Rd, die auf die beiden Rd in Fb 2 folgt, jeweils nur unter dem hinteren der beiden Maschenglieder auf der Oberkante der Arbeit einstechen, sodass auf der Außenseite der Mütze eine kleine Biese entsteht.

S. 39

Boshi-Anleitungen und Stories

Sano für Kinder
Schwierigkeitsgrad ✗

Boshi-Anleitung
Bis zum Ende der 4. Rd wird die Mütze in beiden Größen (XS und S) gleich gehäkelt.
Die Mütze in der oberen Mitte beginnen. 4 Lm in Fb 1 anschlagen und mit 1 hStb in die 1. Lm zum Ring schließen. Weiter hStb in Rd häkeln. Jede Rd beginnt mit 2 Anfangs-Lm und endet mit 1 Km in die obere der 2 Anfangs-Lm.

1. Runde
11 hStb in den Anfangsring häkeln.
2. Runde
Jede M verdoppeln: Dazu 2 hStb in jede M der Vor-Rd häkeln = 22 M.
3. Runde
Jede 2. M verdoppeln = 33 M.
4. Runde
Jede 3. M verdoppeln = 44 M.

Nur Größe XS
5.-12. Runde
8 Rd hStb ohne weitere Zunahmen häkeln.

Nur Größe S
5. Runde
Jede 11. M verdoppeln = 48 M.
6.-14. Runde
9 Rd hStb ohne weitere Zunahmen häkeln.

Beide Größen
Die Mütze wenden und 1 Rd fM um die gesamte Kante arbeiten.

Fertigstellen
Alle Fadenenden vernähen und das Label annähen.

Fb = Farbe(n) >> fM = feste Masche(n) >> hStb = halbe(s) Stäbchen >> Km = Kettmasche(n) >> Lm = Luftmasche(n) >> M = Masche(n) >> R = Reihe(n) >> Rd = Runde(n) >> Stb = Stäbchen >> U = Umschlag >> wdh = wiederholen

Mit der Sano gibt es coolen Boshi-Style für die ganze Familie.

S. 41

Boshi-Anleitungen und Stories

Izumo
flotte Stäbchen
Schwierigkeitsgrad ✗

Boshi-Anleitung
Die Mütze in der oberen Mitte beginnen. 4 Lm in Fb 1 anschlagen und mit 1 hStb in die 1. Lm zum Ring schließen. Weiter Stb in Rd häkeln. Jede Rd beginnt mit 3 Anfangs-Lm und endet mit 1 Km in die obere der Anfangs-Lm.

1. Runde
11 Stb in den Anfangsring häkeln.
2. Runde
Jede M verdoppeln: Dazu 2 Stb in jede M der Vor-Rd häkeln = 22 M.
3. Runde
Jede 2. M verdoppeln = 33 M.
4. Runde
Jede 3. M verdoppeln = 44 M.
5. Runde
Jede 4. M verdoppeln = 55 M.
6. Runde
Jede 11. M verdoppeln = 60 M.
Von nun an ohne weitere Zunahmen häkeln.
7.-12. Runde
Jeweils 60 Stb häkeln.

Nur Größe M
13. Runde
Stb häkeln, dabei jedes 4. und 5. Stb der Rd zusammen abmaschen = 48 M.

Nur Größe L
13. Runde
Stb häkeln, dabei jedes 5. und 6. Stb der Rd zusammen abmaschen = 50 M.

Beide Größen
14.-18. Runde
5 Rd fM häkeln.
19. Runde (Abschlussrunde)
Die Mütze wenden und 1 Rd fM um die gesamte Kante arbeiten.

Fertigstellen
Alle Fadenenden vernähen und das Label annähen.

Fb = Farbe(n) >> fM = feste Masche(n) >> hStb = halbe(s) Stäbchen >> Km = Kettmasche(n) >> Lm = Luftmasche(n) >> M = Masche(n) >> R = Reihe(n) >> Rd = Runde(n) >> Stb = Stäbchen >> U = Umschlag >> wdh = wiederholen

Größe	M	L
Kopfumfang	52-56 cm	57-60 cm

Boshi-Material
Schachenmayr/SMC Boston (LL 55 m/50 g),
Fb 1: Weinrot (Fb 31), 100 g; Fb 2: Indigo
(Fb 54), 50 g oder Fb 1: Kamel (Fb 111), 100 g;
Fb 2: Natur (Fb 02), 50 g
Häkelnadel 6 mm

Maschenprobe
11 Stb und 6 Rd mit Häkelnd 6 mm
= 10 cm x 10 cm

Grundmuster
In Rd ganze Stb arbeiten.

Runden schließen
Die Rd immer schließen, um einen Versatz beim Farbwechsel zu vermeiden. Dazu die Rd mit 3 Lm beginnen und mit 1 Km in die obere der 3 Anfangs-Lm beenden. Das letzte Stb bereits in der Fb der folgenden Rd abmaschen.

Farbfolge
Beide Größen
5 Rd Stb in Fb 1
1 Rd Stb in Fb 2
3 Rd Stb in Fb 1
1 Rd Stb in Fb 2
3 Rd Stb in Fb 1
5 Rd fM in Fb 1
Abschluss-Rd in Fb 2

Weitere Farb-Variation auf der nächsten Seite

Boshi-Anleitungen und Stories

noch mehr Izumo

Mit der Izumo trägst du den angesagten Beanie-Style.

Undercover im Buchladen

Am 18. Januar 2012 war es soweit: Der Tag des offiziellen Verkaufsstarts von „myboshi – mützenmacher". Der Korrekturabzug hatte uns natürlich schon vorher ziemlich genau gezeigt, wie das Buch aussehen würde, aber dennoch stieg die Spannung mit jedem Tag. Wie es sich wohl anfühlen würde, sein eigenes Buch in Händen zu halten?

Zunächst war jedoch Geduld gefragt: Während uns bereits die ersten Fans zum gelungenen Werk gratulierten, mussten wir noch zwei Tage warten, bis uns endlich ein echtes, gedrucktes und gebundenes Exemplar erreichte. Umso größer war dann auch die Freude!

Da wir es immer noch nicht ganz glauben konnten und das Erscheinen des Buches noch nicht restlos realisiert hatten, machten wir uns Anfang Februar in einer renommierten Buchhandlung auf die Suche nach unserem Werk. Undercover mit Jacke und tief in die Stirn gezogener Boshi entdeckten wir in einer großen Münchener Buchhandlung am Marienplatz den ersten Stapel unserer ersten Auflage. Tatsache – wir haben ein echtes Buch, das nun allen Mützen- und Häkelfans zugänglich ist und sie in die „Kunst" des Boshi-Häkelns einführt. In einem unbeobachteten Moment ergriffen wir die Chance und dokumentierten dieses geschichtsträchtige Ereignis mit einem Erinnerungsfoto. **<<**

Boshi-Anleitungen und Stories

Sankai
modisch auf Zack

Schwierigkeitsgrad × × ×

Boshi-Anleitung
224 Lm in Fb 1 anschlagen und im Grundmuster nach der Farbfolge arbeiten. Nach der letzten R noch 1 Rück-R fM in Fb 2 häkeln. Über die Anschlagkante in Fb 1 ebenfalls 1 Rück-R fM arbeiten, dabei jeweils an den Zackenspitzen 3 fM in dieselbe Einstichstelle arbeiten, in den Zackentälern 3 fM zusammen abmaschen, d.h. für jede fM 1 Schlinge durchholen, dann mit 1 U alle 4 Schlingen zusammen abmaschen.

Fertigstellen
Die Fadenenden vernähen. Für die Fransen in beiden Farben 8 Fäden à 1 m Länge zuschneiden. Die Fäden halbieren = 16 Fäden à 50 cm Länge. Pro Franse jeweils 2 Fäden zusammennehmen und mittig zusammenlegen. Um die Rand-Stb bzw. um die Anfangs-Lm der R jeweils Fransen in derselben Farbe einknüpfen. Dazu mit der Häkelnd die Schlaufe der Franse durch die Häkelarbeit ziehen, die Fransenenden durch die Schlaufe führen und die Franse fest anziehen.
Den Schal auf einer festen, gepolsterten Unterlage (z. B. auf dem Bügelbrett) mit Stecknadeln spannen, dabei die Zacken einzeln aufstecken. Dann den Schal vorsichtig dämpfen und vollständig trocknen lassen. Erst dann die Stecknadeln entfernen. Das Label annähen.

Fb = Farbe(n) >> fM = feste Masche(n) >> hStb = halbe(s) Stäbchen >> Km = Kettmasche(n) >> Lm = Luftmasche(n) >> M = Masche(n) >> R = Reihe(n) >> Rd = Runde(n) >> Stb = Stäbchen >> U = Umschlag >> wdh = wiederholen

Größe
ca. 18 cm breit und 182 cm lang (ohne Fransen)

Boshi-Material
Schachenmayr/SMC Boston (LL 55 m/50 g), Fb 1: Violett (Fb 49); Fb 2: Jade meliert (Fb 71) oder Fb 1: Jeans meliert (Fb 53); Fb 2: Mittelgrau (Fb 92), je 200 g
Häkelnadel 6 mm

Maschenprobe
12 M (= 1 Zacke) und 4 R mit Häkelnd 6 mm im Grundmuster = ca. 8,3 cm x 8 cm

Grundmuster
Stb in Hin-R arbeiten, dafür ab der 2. R jeweils am rechten Rand der Arbeit den Faden neu anketten, sodass die rechte Seite der Stb immer auf der gleichen Seite liegt.
1. R (Hin-R): 4 Stb, dabei das 1. Stb in die 5. Lm ab Nadel häkeln, * 1 Zunahme (= 3 Stb in die folgende M), in die folgenden 3 Lm je 1 Stb, 1 Abnahme (= über den folgenden 3 M 3 Stb zusammen abmaschen = ** 1 U, in die nächste Lm einstechen, den Faden holen und durch die M ziehen, den Faden holen und durch 2 Schlingen auf der Nadel ziehen; ab ** noch 2x wdh, dann den Faden holen und durch alle 4 Schlingen auf der Nadel ziehen), in die folgenden 3 Lm je 1 Stb *; von * bis * noch 20x wdh, enden mit 1 Zunahme, in die folgenden 3 Lm je 1 Stb, am R-Ende 2 Stb zusammen abmaschen = 22 Zacken.

2. R und alle folgenden R (Hin-R): Faden durch das 1. Stb durchholen, dann 3 Lm häkeln, in die folgenden 4 Stb je 1 Stb, * 1 Zunahme, in die folgenden 3 Stb je 1 Stb, 1 Abnahme, in die folgenden 3 Stb je 1 Stb *, von * bis * 20x wdh, 1 Zunahme, in die folgenden 3 Stb je 1 Stb, am R-Ende 2 Stb zusammen abmaschen.

Farbfolge
3 R in Fb 1
1 R in Fb 2
1 R in Fb 1
3 R in Fb 2

Weitere Farb-Variation auf der nächsten Seite

Boshi-Anleitungen und Stories

noch mehr Sankai

Der kuschelige Sankai hält dich garantiert immer warm.

Größe
34 cm x 38 cm

Boshi-Material
Schachenmayr/SMC Boston (LL 55 m/50 g), Fb 1: Flaschengrün (Fb 72), 150 g; Fb 2: Jade meliert (Fb 71), 100 g oder Fb 1: Kamel (Fb 111), 150 g; Fb 2: Violett (Fb 49), 100 g
Häkelnadel 6 mm

Maschenprobe
12 hStb und 8 Rd mit Häkelnd 6 mm = 10 cm x 10 cm

Grundmuster
In Rd hStb arbeiten.

Runden schließen
Die Rd immer schließen, um einen Versatz beim Farbwechsel zu vermeiden. Dazu die Rd mit 1 Km in das 1. hStb der Rd beenden. Das letzte hStb bereits in der Fb der folgenden Rd abmaschen.

Farbfolge
* 1 Rd in Fb 1, 1 Rd in Fb 2, ab * fortlaufend wdh.

Shima

Anleitung auf der nächsten Seite

Boshi-Anleitungen und Stories

Shima
das Raumwunder
Schwierigkeitsgrad ✗ ✗

Anleitung
Die Tasche unten beginnen. 34 Lm in Fb 1 anschlagen, 1 Wende-Lm häkeln und nur in die hinteren M-Glieder der Lm 34 hStb arbeiten, weiter 34 hStb in die vorderen M-Glieder der Lm häkeln und die Arbeit mit 1 Km ins 1. hStb zur Rd schließen. Weiter in Rd häkeln und die Farbfolge beachten.

Fertigstellen
In 27 Rd Höhe die Arbeit wenden und in Fb 1 1 Abschluss-Rd fM arbeiten. Auch diese letzte Rd mit 1 Km in die 1. fM schließen.
Für den Träger weiter in Fb 1 über die 1.-7. M 82 R fM häkeln. Die Arbeit beenden, dabei den Faden großzügig abschneiden und damit das Ende des Trägers an die 35.-41. M annähen.
Alle Fadenenden vernähen und das Label annähen.

Fb = Farbe(n) >> fM = feste Masche(n) >> hStb = halbe(s) Stäbchen >> Km = Kettmasche(n) >> Lm = Luftmasche(n) >> M = Masche(n) >> R = Reihe(n) >> Rd = Runde(n) >> Stb = Stäbchen >> U = Umschlag >> wdh = wiederholen

Die Shima trägt alle deine Schätze für dich.

S. 51

Boshi-Anleitungen und Stories

shutsui
schnell gehäkelt

Schwierigkeitsgrad ✗

Boshi-Anleitung
31 Lm (Stulpenlänge) in Fb 1 anschlagen und im Grundmuster nach der Farbfolge für die rechte bzw. linke Stulpe arbeiten. Nach der letzten R den Faden nicht zu kurz abschneiden (mit dem Fadenende werden die Längsseiten aneinandergenäht).

Fertigstellen
Die beiden Teile so auslegen, dass die „saubere" Schmalseite (= die Seite ohne Farbwechsel) oben liegt. Diese Seite soll später auf den Fingern liegen. Jedes Häkelrechteck der Länge nach rechts auf rechts zusammenlegen und die Längsseiten vom „Arm-Ende" aus auf einer Länge von 16 M mit Überwendlingstichen zusammennähen, für die Daumenöffnung 8 M auslassen und die restliche Naht bis zur Oberkante schließen. Die 1. und letzte M sowie die M beidseitig der Daumenöffnung mit einem doppelten Stich sichern.
Die Fadenenden vernähen, die Stulpen wenden und das Label aufnähen.

Fb = Farbe(n) >> fM = feste Masche(n) >> hStb = halbe(s) Stäbchen >> Km = Kettmasche(n) >> Lm = Luftmasche(n) >> M = Masche(n) >> R = Reihe(n) >> Rd = Runde(n) >> Stb = Stäbchen >> U = Umschlag >> wdh = wiederholen

Größe
ca. 19 cm lang, 19 cm Umfang

Boshi-Material
Schachenmayr/SMC Boston (LL 55 m/50 g), Fb 1: Burgund (Fb 132), 100 g; Fb 2: Pink (Fb 35), 50 g oder
Fb 1: Mocca meliert (Fb 12), 100 g; Fb 2: Sisal (Fb 04), 50 g
Häkelnadel 6 mm

Grundmuster
In Hin- und Rück-R arbeiten.
1. R: * 1 fM, 1 Lm; ab * fortlaufend wdh, dabei die 1. fM in die 3. Lm ab Nadel häkeln, danach mit jeder Lm jeweils 1 Lm des Lm-Anschlags übergehen = insgesamt 15 fM.
2. R und alle folgenden R: 2 Lm, * 1 fM, 1 Lm; ab * fortlaufend wdh, dabei die fM jeweils um die Lm der Vor-R arbeiten, die letzte fM zwischen die Anfangs-Lm und 1. fM der Vor-R häkeln = 15 fM.

Maschenprobe
11 M und 8 R mit Häkelnd 6 mm im Grundmuster = 7 cm x 7 cm

Farbfolge
Rechte Stulpe	Linke Stulpe
4 R in Fb 1	12 R in Fb 1
2 R in Fb 2	2 R in Fb 2
2 R in Fb 1	2 R in Fb 1
2 R in Fb 2	2 R in Fb 2
12 R in Fb 1	4 R in Fb 1

Beim Farbwechsel die letzte fM bereits mit der neuen Fb abmaschen.

Weitere Farb-Variation auf der nächsten Seite

S. 53

Boshi-Anleitungen und Stories

noch mehr Shutsui

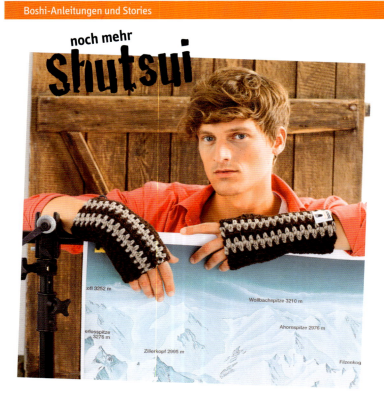

Die Shutsui wärmen nicht nur, sondern sehen auch super aus.

Gründerland

copyright: maak roberts represented by kombinationrotweiss

„**Guten Morgen, ich rufe im Auftrag des Bundesministeriums für Wirtschaft an**", sagte eines Tages die Stimme am anderen Ende der Leitung.
Oh Gott, was haben wir falsch gemacht, kommen wir jetzt als Wirtschaftskriminelle ins Gefängnis? Die Ängste wurden jedoch schnell zerstreut. „Wir planen die Initiative ‚Gründerland Deutschland', die Mut machen soll, ein kreatives Unternehmen zu gründen. Sie sind für uns die perfekten Aushängeschilder."
Natürlich sagten wir zu. Für das Plakatmotiv wurde ein Fotoshooting in Berlin organisiert. Da wir auch für einige Zeitungsartikel fotografiert werden sollten, hielten wir das für eine unserer einfachsten Übungen.
Doch weit gefehlt. Wir fühlten uns an diesem Tag wie bei „Germany's Next Topmodel". Zum Auftakt wurden uns eine Visagistin und ein eigener Stylist zugeteilt, der unser Outfit zusammenstellte. Zusätzlich war ein „Lichtmann" vor Ort, der nur dafür zuständig war, uns ins rechte Licht zu rücken und die Scheinwerfer und Blitze auf- und abzubauen. Der Fotograf ließ uns posieren, Aktion zeigen, uns unterschiedlich hinstellen und und und …
Wahrscheinlich haben wir an diesem Tag ca. 10000 Fotos gemacht. Das Fotoshooting dauerte vom Mittag bis in die Nacht, und zum Schluss gab es genau ein perfektes Bild.
Wir finden, der Aufwand hat sich gelohnt, aber seht selbst – hier und im Internet in der Gründergalerie des Wirtschaftsministeriums unter www.bmwi.de/DE/Themen/Mittelstand/Gruenderland-deutschland,did=444032.html. **<<**

Kiyuu im Boshi-Style

Schwierigkeitsgrad × ×

Boshi-Anleitung
Die Tasche unten beginnen. 4 Lm in Fb 1 anschlagen und mit 1 hStb in die 1. Lm zum Ring schließen. Weiter hStb in Rd häkeln.

1. Runde
In den Anfangsring 11 hStb häkeln.
2. Runde
Jede M verdoppeln = 22 M.
3. Runde
Jede 3. M verdoppeln = 29 M.
4. Runde
Jede 4. M verdoppeln = 36 M.
5. Runde
Jede 5. M verdoppeln = 43 M.
6. Runde
Jede 6. M verdoppeln = 50 M.
7. Runde
Jede 7. M verdoppeln = 57 M.
8. Runde
Jede 8. M verdoppeln = 64 M.
9. Runde
Jede 9. M verdoppeln = 71 M.
10. Runde
Jede 10. M verdoppeln = 78 M.

Weiter ohne Zunahmen hStb nach der angegebenen Farbfolge häkeln.
Die Arbeit wenden und 27 fM häkeln, dann 12 hStb für die Ansatzstelle für den Träger, 27 fM und 12 hStb für den Träger. In R über diese 12 M in hStb weiterarbeiten. In 56 R Höhe die Arbeit beenden. Die M an der Ansatzstelle auf der anderen Seite der Taschenoberkante festnähen oder festhäkeln.

Fertigstellen
Alle Fadenenden vernähen und das Label annähen.

Fb = Farbe(n) >> fM = feste Masche(n) >> hStb = halbe(s) Stäbchen >> Km = Kettmasche(n) >> Lm = Luftmasche(n) >> M = Masche(n) >> R = Reihe(n) >> Rd = Runde(n) >> Stb = Stäbchen >> U = Umschlag >> wdh = wiederholen

Größe
36 cm x 40 cm

Boshi-Material
Schachenmayr/SMC Boston (LL 55 m/50 g),
Fb 1: Anthrazit meliert (Fb 98), 200 g; Fb 2:
Jade meliert (Fb 71), 100 g oder Fb 1: Pink
(Fb 35), 200 g; Fb 2: Iris (Fb 152), 100 g
Häkelnadel 6 mm

Maschenprobe
12 hStb und 8 Rd mit Häkelnd 6 mm =
10 cm x 10 cm

Grundmuster
In Rd hStb arbeiten.

Runden schließen
Die Rd immer schließen, um einen Versatz beim Farbwechsel zu vermeiden. Dazu die Rd mit 2 Lm beginnen und mit 1 Km in die obere der 2 Anfangs-Lm beenden. Das letzte hStb bereits in der Fb der folgenden Rd abmaschen.

Farbfolge
12 Rd in Fb 1, 7 Rd in Fb 2, 4 Rd in Fb 1,
1 Rd in Fb 2, 1 Rd in Fb 1, 1 Rd in Fb 2,
1 Rd in Fb 1.

Weitere Farb-Variation auf der nächsten Seite

Boshi-Anleitungen und Stories

noch mehr Kiyuu

Die Kiyuu sieht aus wie eine Boshi mit Henkel.

Größe
ca. 15 cm hoch, Umfang 122 cm

Boshi-Material
Schachenmayr/SMC Boston (LL 55 m/ 50 g), Fb 1: Malachit (Fb 170), 100 g; Fb 2: Flaschengrün (Fb 72); 50 g; Fb 3: Jade meliert (Fb 71), 100 g oder: Fb 1: Schoko (Fb 10), 100 g; Fb 2: Mocca meliert (Fb 12), 50 g; Fb 3: Sisal (Fb 04), 100 g
Häkelnadel 6 mm

Maschenprobe
8 Stb und 7 R mit Häkelnd 6 mm im Grundmuster = 10 cm x 10 cm

Grundmuster
Stb in Rd, dabei ab der 2. Rd die Stb versetzt arbeiten, d.h. jeweils zwischen 2 Stb der Vor-Rd einstechen. Am Rd-Anfang 2 Lm häkeln. Diese Lm werden zusätzlich gehäkelt und sind kein Ersatz für das 1. Stb, sie werden nachfolgend als Anfangs-Lm bezeichnet. Am Rd-Ende 1 Km zwischen Anfangs-Lm und 1. Stb arbeiten. Am Rd-Anfang nach den Anfangs-Lm das 1. Stb ebenfalls zwischen Anfangs-Lm und 1. Stb der Vor-Rd häkeln.

Farbfolge
* 1 Rd in Fb 1, 1 Rd in Fb 2, 1 Rd in Fb 3, ab * fortlaufend wdh.

Hebi

Anleitung und weitere Farb-Variation auf der nächsten Seite

S. 59

Boshi-Anleitungen und Stories

Hebi
Spaß ohne Ende
Schwierigkeitsgrad ✗ ✗

Boshi-Anleitung
220 Lm in Fb 1 anschlagen und mit 1 Km in die 1. Lm zum Ring schließen.
In der 1. Rd nach den Anfangs-Lm in jede Lm 1 Stb häkeln, das 1. Stb in die 1. Lm. Weiter 9 Rd im Grundmuster nach der Farbfolge arbeiten. Zuletzt noch 1 Rd fM in Fb 3 arbeiten, dabei die fM in die Stb häkeln. Auf den Lm-Anschlag noch 1 Rd fM in Fb 1 häkeln.

Fertigstellen
Alle Fadenenden vernähen und das Label annähen.

Fb = Farbe(n) >> fM = feste Masche(n) >> hStb = halbe(s) Stäbchen >> Km = Kettmasche(n) >> Lm = Luftmasche(n) >> M = Masche(n) >> R = Reihe(n) >> Rd = Runde(n) >> Stb = Stäbchen >> U = Umschlag >> wdh = wiederholen

Der Hebi wirkt mit seinen Ton-in-Ton Streifen richtig edel.

S. 61

Boshi-Anleitungen und Stories

Die ersten Boshis: der Stammbaum einer Häkelmütze

1. Generation
Die allerersten Boshis hatten noch kein Label, nur ein aufgesticktes „myboshi.net", und wurden aus glasigem, japanischem Billigacrylgarn gehäkelt – das Knäuel für ca. 1 €. Ähnlichkeiten mit einem Klorollenüberzug waren zwar nicht gewollt, aber durchaus vorhanden, und auch der Tragekomfort ließ zu wünschen übrig. Das Garn war bretthart, und den einen oder anderen Schönheitsfehler gab es frei Haus dazu.

2. Generation
Premiere für das erste – provisorische – Label mit gesticktem Schriftzug zum Aufnähen! Die Maschen wurden regelmäßiger und lockerer, und dank eines hochwertigeren Acrylgarns verbesserte sich auch der Tragekomfort.

3. Generation
Inzwischen lieferten Freunde und Bekannte – und auch Fremde – die unglaublichsten Garne und Wollreste bei uns ab. Damit wurde jede Boshi zum absoluten Einzelstück. Tragekomfort und Experimentierfreudigkeit waren allerdings eng miteinander verbunden, je nachdem, welche Garne verwendet wurden.

Jede Boshi wurde nun als Unikat mit einheitlichem und neu entwickeltem myboshi-Totenkopflabel verkauft – originell verpackt noch dazu: Die myboshi-Dose ist die absolute Innovation.

4. Generation
Fünfzehn standardisierte Boshi-Designs sorgten für Furore. Der Kunde konnte nun sein Lieblingsdesign, mit oder ohne Bommel, in seinen Wunschfarben zusammenstellen.
Weiter verbessert wurde auch der Tragekomfort: Die Boshi ist kuschelig weich (30 % Schurwolle/70 % Acryl) und bei 30 Grad waschbar. Jede Mütze ziert das aktuelle myboshi-Logo.

5. Generation
Mit dem optimierten Online-Konfigurator stehen über 360 Millionen Kombinationsmöglichkeiten zur Wahl. Und weil es immer mehr Fans gibt, lädt myboshi mit dem Buch „myboshi – die mützenmacher" dazu ein, eigene Selfmade-Boshis zu häkeln. <<

Ketai
mobil mit Stil

Schwierigkeitsgrad ✗

Boshi-Anleitung
16 Lm anschlagen und mit 1 Km in die 1. Lm zum Ring schließen. In hStb in Rd nach der Farbfolge weiterhäkeln. Zuletzt 1 Abschluss-Rd fM arbeiten.

Fertigstellen
Die Handyhülle auf links wenden und die Unterkante (= Lm-Anschlag) mit Überwendlingstichen zusammennähen oder mit Km zusammenhäkeln.
Die Fadenenden vernähen und das Label aufnähen.

Fb = Farbe(n) >> fM = feste Masche(n) >> hStb = halbe(s) Stäbchen >> Km = Kettmasche(n) >> Lm = Luftmasche(n) >> M = Masche(n) >> R = Reihe(n) >> Rd = Runde(n) >> Stb = Stäbchen >> U = Umschlag >> wdh = wiederholen

Größe
ca. 9 cm x 13 cm

Boshi-Material
Schachenmayr/SMC Boston (LL 55 m/ 50 g), Fb 1: Burgund (Fb 132); Fb 2: Jade meliert (Fb 71) oder Fb 1: Jeans meliert (Fb 53); Fb 2: Feuer (Fb 30), Reste oder jeweils 50 g
Häkelnadel 6 mm

Maschenprobe
12 hStb und 8 Rd mit Häkelnd 6 mm = 10 cm x 10 cm

Grundmuster
In Rd hStb arbeiten.

Runden schließen
Die Rd immer schließen, um einen Versatz beim Farbwechsel zu vermeiden. Dazu die Rd mit 1 Km in das 1. hStb der Rd beenden. Das letzte hStb bereits in der Fb der folgenden Rd abmaschen.

Farbfolge
* 1 Rd in Fb 2, 1 Rd in Fb 1; ab * noch 3x wdh, dann noch 1 Rd in Fb 2.

S. 65

Nimotsu
immer dabei

Schwierigkeitsgrad ✗ ✗

Boshi-Anleitung
20 Lm und 2 Wende-Lm in Fb 1 anschlagen und 7 R hStb häkeln.
Anschließend 7 R hStb in Fb 2 und 7 R hStb in Fb 3 häkeln.
Das 2. Taschenteil genauso häkeln.
Für den Randstreifen und Träger 6 Lm und 2 Wende-Lm in Fb 1 anschlagen und 100 R hStb häkeln.

Fertigstellen
Anfang und Ende des Streifens mit Km zusammenhäkeln oder mit Überwendlingstichen zusammennähen, sodass ein großer Ring entsteht.
Das Vorderseitenteil rechts auf rechts an eine Kante des Rings stecken, sodass die Naht an der Taschenunterseite liegt, und mit Überwendlingstichen annähen oder mit Km anhäkeln.
Das Rückseitenteil genauso annähen oder anhäkeln, dabei darauf achten, dass beide Teile übereinstimmend auf dem umlaufenden Ring platziert sind und die Oberkante der Tasche gerade ist.
Alle Fadenenden vernähen und das Label annähen.

Weitere Farb-Variation auf der nächsten Seite

Größe
Große Tasche: 28 cm x 34 cm
Kindertasche: 19 cm x 25 cm
(ohne Henkel)

Boshi-Material
Schachenmayr/SMC Bravo Big (LL 120 m/200 g), Fb 1: Kirsche (Fb 130); Fb 2: Pink (Fb 136); Fb 3: Saphirblau (Fb 152), je 200 g
oder Schachenmayr/SMC Boston (LL 55 m/50 g), Fb 1: Natur (Fb 02); Fb 2: Sisal (Fb 04); Fb 3: Kamel (Fb 111), je 100 g
Häkelnadel 6 mm

Maschenprobe
Bravo Big: 7 hStb und 7 R mit Häkelnd 8 mm = 10 cm x 10 cm
Boston: 12 hStb und 8 R mit Häkelnd 6 mm = 10 cm x 10 cm

Grundmuster
In R hStb arbeiten.

Farbfolge
Jeweils 7 R in Fb 1, Fb 2 und Fb 3.

S. 67

Boshi-Anleitungen und Stories

noch mehr Nimotsu

Die Nimotsu gibt es in groß für große Leute und in klein für kleine Leute.

Gut behütet auf der Messe

Im Januar 2012 erschien unser erstes Buch und entwickelte sich mit rasantem Tempo bereits in den ersten Monaten zum Bestseller. Logisch, dass das Team des frechverlags das momentane Lieblingsthema auf der internationalen Fachmesse „handarbeit+hobby" in Köln im März auch gebührend präsentieren wollte. Alle Ahnungslosen, an denen der myboshi-Trend bislang vorbeigegangen war, sollten auf das Thema aufmerksam werden.

Glücklicherweise haben die Mitarbeiter des Verlags eine Menge Humor, und so hatte die ganze Belegschaft in extra für diesen Anlass gehäkelten Boshis ihren gut behüteten Auftritt: Für die einen in knalligen Farbkombis, für andere – dem seriösen Anlass angemessen – dezentere Boshis passend zum Anzug. Das zeigt wieder mal: Boshi kann man einfach immer tragen!

Die Leute vom Verlag mussten bei den damals sommerlichen Temperaturen in den Messehallen ganz schön schwitzen. Aber einen echten Boshi-Fan hält das nicht ab! Beim Rundgang über die Messe waren die frech-Mitarbeiter mit ihren Mützen ein echter Hingucker und wurden häufig angesprochen. Ganz sicher ist die Boshi-Fangemeinde durch diesen Einsatz weiter gewachsen! <<

Boshi-Anleitungen und Stories

seiken gegen eiskalte Händchen
Schwierigkeitsgrad × × ×

Boshi-Anleitung
6 Lm in Fb 1 anschlagen und in Rd fM häkeln.

1. Runde
1 fM ins hintere M-Glied jeder Anschlag-Lm häkeln, dann die Arbeit drehen und ins vordere M-Glied jeder Lm ebenfalls 1 fM häkeln = 12 M.

2. Runde
Jede 3. M verdoppeln = 16 M.

3. Runde
Jede 4. M verdoppeln, dabei die Zunahmen über den Zunahmestellen der 2. Rd arbeiten = 20 M.

4.-12. Runde
9 Rd fM ohne weitere Zunahmen häkeln, dabei ab der 8. Rd in Fb 2 weiterarbeiten.

13. Runde (Daumenöffnung)
Linker Handschuh: 2 fM, 8 M im doppelten Lm-Anschlag (siehe Seite 98), 3 M der Vorrunde übergehen, 15 fM.
Rechter Handschuh: 15 fM, 8 M im doppelten Lm-Anschlag, 3 M der Vorrunde übergehen, 2 fM.

14. Runde
Weiter fM in Rd häkeln, dabei am Beginn und am Ende der Daumenöffnung jeweils 2 fM zusammen abmaschen = 20 M.

15.-22. Runde
8 Rd fM häkeln (jeweils 20 M).

23.-30. Runde
In Fb 3 8 Rd versetzte Km (siehe Seite 98) häkeln, dabei in der 23. Rd jede 5. M verdoppeln = 24 M.

Daumen
Den Daumen in fM in Rd häkeln.

1. Runde
In Fb 3 13 fM um die Kante der Daumenöffnung häkeln.

2. Runde
Über der 6. und 7. und über der 12. und 13. M jeweils 2 fM zusammen abmaschen = 11 M.

3. und 4. Runde
Jeweils 11 fM häkeln.

5. Runde
1x 2 fM zusammen abmaschen = 10 M.

6. Runde
10 fM häkeln.

7. Runde
Über der 3. und 4., der 6. und 7. sowie der 9. und 10. M jeweils 2 fM zusammen abmaschen = 7 M.

8. Runde
3x 2 fM zusammen abmaschen, 1 fM = 4 M.

9. Runde
4 fM zusammen abmaschen. Den Faden abschneiden und durch die verbleibende Arbeitsschlinge ziehen.

Fertigstellen
Alle Fadenenden vernähen und das Label annähen.

Fb = Farbe(n) >> fM = feste Masche(n) >> hStb = halbe(s) Stäbchen >> Km = Kettmasche(n) >> Lm = Luftmasche(n) >> M = Masche(n) >> R = Reihe(n) >> Rd = Runde(n) >> Stb = Stäbchen >> U = Umschlag >> wdh = wiederholen

Größe
Einheitsgröße

Boshi-Material
Schachenmayr/SMC Boston (LL 55 m/50 g), Fb 1: Weinrot (Fb 31); Fb 2: Feuer (Fb 30); Fb 3: Kürbis (Fb 26) oder Fb 1: Schwarz (Fb 99); Fb 2: Indigo (Fb 54); Fb 3: Iris (Fb 152), je 50 g
Häkelnadel 6 mm

Maschenprobe
12 fM und 11 R mit Häkelnd 6 mm = 10 cm x 10 cm

Weitere Farb-Variation auf der nächsten Seite

Grundmuster
In Rd fM arbeiten.

Versetzte Kettmaschen
*1 Km von vorne ins vordere M-Glied der Vorrunde (Faden liegt hinten), 1 Km von hinten ins hintere Glied der nächsten M der Vorrunde (Faden liegt vorne); ab * fortlaufend wdh bis Rd-Ende.

Runden schließen
Die Rd immer schließen, um einen Versatz beim Farbwechsel zu vermeiden. Dazu jede Rd mit 2 Lm beginnen und mit 1 Km in die Anfangs-Lm beenden. Die letzte fM bereits in der Fb der folgenden Rd abmaschen.

Farbfolge
Luftmaschenkette in Fb 1
7 Rd in Fb 1
14 Rd in Fb 2
8 Rd in Fb 3 (versetzte Km)
Daumen in Fb 3

Boshi-Anleitungen und Stories

noch mehr
Seiken

Mit diesen Fäustlingen steht stundenlangen Outdoor-Aktivitäten nichts mehr im Weg.

Neu aufgesetzt: Das myboshi-Logo

Frisch zurück aus Japan, mit vielen bunten Boshis im Gepäck, haben wir einst für unsere ersten Mützenexemplare weitere Liebhaber im Bekannten- und Freundeskreis gefunden. Als die ersten 20 Boshis im März 2009 verkauft waren und die Fangemeinde sich allmählich vergrößerte, stand fest, dass die nächsten Mützen nicht ohne Wiedererkennungszeichen an den Mann gehen konnten. Ein eigenes Markenlogo – doch woher nehmen?

In der Modebranche waren coole Totenköpfe – „sculls" – angesagt. Warum sollte nicht auch myboshi ein Totenkopflogo erhalten? Wir setzten dem Totenkopf einfach eine Boshi mit Bommel auf den Kopf und modifizierten die gekreuzten Knochen zu gekreuzten Häkelnadeln. Schon war unser Markenzeichen geboren! Bei unseren ersten Fans, hauptsächlich Jugendlichen und jungen Erwachsenen, kam der Totenkopf prima an, da er mit etwas Witz genau den Zeitgeist traf.

Als die Fangemeinde weiter wuchs und die Boshis wegen ihrer hochwertigen und einmaligen Handarbeit auch bei immer mehr Erwachsenen und älteren Leuten beliebter wurden, war schnell klar, dass wir uns für die Saison 2010/11 von unserem Totenkopf verabschieden mussten. Ein langlebigeres, aber trotzdem zu unseren handgearbeiteten Unikaten passendes Logo musste entwickelt werden. Das aktuelle myboshi-Logo ist einer Eichel nachempfunden. Sie stellt den Bezug zur Outdoor- und Lifestyle-Aktivität her, für die Boshis prädestiniert sind. Die Form der Eichel erinnert an einen Kopf mit Mütze, eine Ähnlichkeit, die durch die Bommel zusätzlich hervorgehoben wird. Die Eichenblätter mit Stielen in Form gekreuzter Häkelnadeln sind die Weiterentwicklung der gekreuzten Knochen des ursprünglichen Labels.

Die Analogie zwischen Eichel und Boshi bezieht sich jedoch nicht nur auf das Aussehen, sondern auch auf gemeinsame Qualitäten. Boshi wie Eiche sind perfekt designt und sehr robust. Zudem verkörpern sie heimische Wert- und Handarbeit. **<<**

Boshi-Anleitungen und Stories

Daiya
kesse Karos
Schwierigkeitsgrad ✕ ✕

Boshi-Anleitung
23 Lm anschlagen und im Grundmuster arbeiten.
In ca. 191 cm Länge = nach 139 R (letzte R = Rück-R) eine Blende aus 3 R fM anhäkeln, dabei in der 1. R nach einer Wende-Lm in jede fM der Vor-R 1 fM häkeln, dazwischen um die Lm der Vor-R je 2 fM häkeln = 22 fM. Für die 2. und 3. R jeweils mit 1 Lm wenden, dann in jede M der Vor-R 1 fM häkeln.
An der gegenüberliegenden Seite auf der Vorderseite am rechten Rand den Faden neu anketten und die 3 R fM entsprechend ausführen.

Fertigstellen
Alle Fadenenden vernähen und das Label aufnähen.
Den Schal nach Belieben spannen, anfeuchten und trocknen lassen.

Fb = Farbe(n) >> fM = feste Masche(n) >> hStb = halbe(s) Stäbchen >> Km = Kettmasche(n) >> Lm = Luftmasche(n) >> M = Masche(n) >> R = Reihe(n) >> Rd = Runde(n) >> Stb = Stäbchen >> U = Umschlag >> wdh = wiederholen

Größe
ca. 18 cm breit und 195 cm lang

Boshi-Material
Schachenmayr/SMC Boston
(LL 55 m/50 g) in Weinrot (Fb 31)
oder Kamel (Fb 111), 350 g
Häkelnadel 6 mm

Maschenprobe
Mit Häkelnd 6 mm im Grundmuster:
22 M und 8 R = 18 cm x 11 cm

Grundmuster
1. R (Rück-R): In die 2. und 3. Lm ab Nd je 1 fM häkeln, * 2 Lm, 2 Lm des Lm-Anschlags übergehen, in die beiden folgenden Lm je 1 fM häkeln, ab * 4x wdh.
2. R (Hin-R): 3 Ersatz-Lm für das 1. Stb, fortlaufend je 5 Stb um die Lm der Vor-R häkeln, enden mit 1 Stb in die 1. fM der Vor-R.
3. R (Rück-R): 1 Lm, 1 fM in das Rand-Stb, * 1 fM in das 1. Stb der Stb-Gruppe, mit 2 Lm die mittleren 3 Stb der Stb-Gruppe übergehen, 1 fM in das letzte Stb der Stb-Gruppe, ab * 4x wdh., enden mit 1 fM in die obere Ersatz-Lm der Vor-R. Die 2. und 3. R fortlaufend wdh.

Weitere Bilder auf der nächsten Seite

Boshi-Anleitungen und Stories

noch mehr Daiya

Der schlichte Daiya passt zu fast allem.

Nakama

Anleitung auf der nächsten Seite →

Größe
36 cm x 34 cm

Boshi-Material
Schachenmayr/SMC Boston
(LL 55 m/50 g), Fb 1: Schwarz (Fb 99),
250 g; Fb 2: Anthrazit meliert (Fb 98),
50 g; Fb 3: Neon-Orange (Fb 122),
50 g oder Fb 1: Flaschengrün (Fb 72),
250 g; Fb 2: Schwarz (Fb 99), 50 g;
Fb 3: Neon-Grün (Fb 171), 50 g
Häkelnadel 6,0 mm

Maschenprobe
12 hStb und 8 Rd mit Häkelnd 6 mm
= 10 cm x 10 cm

S. 77

Boshi-Anleitungen und Stories

Nakama
mit Überschlag
Schwierigkeitsgrad × ×

Boshi-Anleitung
Die Tasche unten beginnen. 36 Lm in Fb 1 anschlagen, 1 Wende-Lm häkeln und nur in die hinteren M-Glieder der Lm 36 hStb arbeiten, dann 36 hStb in die vorderen M-Glieder der Lm arbeiten.
Hinweis: Die Rd nicht wie üblich mit einer Km schließen, sondern fortlaufend in Spiral-Rd häkeln.
In 25 Rd Höhe weiter in Fb 2 häkeln. Zuerst 34 hStb nur in das hintere M-Glied arbeiten, dann die Arbeit wenden, 1 Wende-LM häkeln und für die Klappe noch 11 R hSt über 34 M häkeln. Weiter 5 R in Fb 3 häkeln, dann 1 R fM arbeiten. Den Faden abschneiden und durch die Arbeitsschlinge ziehen.

Fertigstellen
Für den Träger 5 Lm in Fb 1 anschlagen und 90 R fM häkeln. Die Enden des Streifens seitlich an die Oberkante der Tasche nähen. Alle Fadenenden vernähen und das Label annähen.

Die Nakama punktet mit Neop-Farben.

S. 79

Boshi-Anleitungen und Stories

Shuto
– das Original

Schwierigkeitsgrad x

Boshi-Anleitung
21 Lm in Fb 1 anschlagen und mit 1 Km zum Ring schließen. In Stb weiterhäkeln, dabei jede Rd mit 3 Lm beginnen und mit 1 Km in die oberste der 3 Anfangs-Lm schließen.

1. Rd
1 Stb in jede Lm der Anschlagkette = 21 M.
2.-8. Rd
1 Stb in jede M der Vor-Rd = 21 M.

Daumenöffnung
9. Rd
16 Stb, 3 fM, 2 Stb häkeln.
10. Rd
16 Stb, 3 Lm, 2 Stb.
Anschließend weitere 2 Stb-Rd über alle M häkeln, dabei in jeder Rd 1 M abnehmen; dazu 2 Stb zusammen abmaschen = 19 Stb am Ende der 12. Rd.
Die Arbeit wenden und 1 Rd fM in der Gegenrichtung um die Oberkante häkeln. Beide Stulpen gleich arbeiten.

Fertigstellen
Alle Fadenenden vernähen und das Label aufnähen.

Fb = Farbe(n) >> fM = feste Masche(n) >> hStb = halbe(s) Stäbchen >> Km = Kettmasche(n) >> Lm = Luftmasche(n) >> M = Masche(n) >> R = Reihe(n) >> Rd = Runde(n) >> Stb = Stäbchen >> U = Umschlag >> wdh = wiederholen

Größe
Einheitsgröße

Material
Schachenmayr/SMC Boston
(LL 55 m/50 g), Fb 1: Pink (Fb 35),
100 g; Fb 2: Sisal (Fb 04), 50 g
oder Fb 1: Schwarz (Fb 99), 100 g;
Fb 2: Mittelgrau (Fb 92), 50 g
Häkelnadel 6 mm

Maschenprobe
11 Stb und 6 R mit Häkelnd
6 mm = 10 cm x 10 cm

Farbfolge
Lm-Kette in Fb 1
3 Rd in Fb 1
1 Rd in Fb 2
3 Rd in Fb 1
1 Rd in Fb 2
1 Rd in Fb 1 (= 16 Stb, 3 fM, 2 Stb)
1 Rd in Fb 1 (16 Stb, 3 Lm, 4 Stb)
1 Rd in Fb 1
1 Rd in Fb 2
1 Rd in Fb 1
1 Rd fM in Fb 1

S. 81

Boshi-Anleitungen und Stories

noch mehr Shuto

Mit den Shuto sind kalte Hände Vergangenheit.

Häkeln mit Vollprofis

Nachdem unser erstes Buch bei so vielen Boshi-Fans sehr gut angekommen war, wollten natürlich auch Handarbeitsfachgeschäfte mehr von unserem Geheimnis erfahren. Da war sie dann, die Einladung von Coats zur Hausmesse nach Kenzingen.

Alle Kunden von Coats waren eingeladen, genauer gesagt, 2000 Handarbeitsfachverkäufer. Adrenalin pur! Natürlich stand für uns fest, dass jeder, der zu uns an den Messestand kam, besser häkeln konnte als wir und dass unser eigenes, amateurhaftes Häkeln ans Tageslicht kommen würde. Unser Plan sah vor, auf der Messe eine kleine Boshi zu häkeln und natürlich etwas über unsere Verkaufsstrategien weiterzugeben.

Kaum in Kenzingen angekommen, wurden wir schon erkannt und begrüßt. Zwei Mädels tuschelten und kicherten. Später stellte sich heraus, dass sie bereits in ihrem Blog über uns berichtet hatten – sie freuten sich sehr, uns zu sehen. Ob das wohl unsere ersten Groupies waren? Den Eindruck hatten wir eindeutig, und es ist faszinierend, wie man auch ohne Stilettos an Größe gewinnen kann!

Doch es kam noch besser: Nach einer kurzen Besichtigung ging es zu unserem Workshop-Raum. Eine knappe Stunde vor unserem ersten „Auftritt" tummelte sich dort bereits eine begeisterte Menschenmenge, die aus erster Hand von unserer Erfolgsgeschichte hören – und natürlich auch ein bisschen mit uns häkeln – wollte. Wir fühlten uns wie auf dem Häkelolymp! Doch damit nicht genug ... Viele Fachbesucher wollten sich mit uns fotografieren lassen oder fragten, ob wir unser Buch signieren würden. Allein schon der Ansturm faszinierte uns, dass wir auch noch Bücher signieren durften, war die ultimative Steigerung.

In einer Häkelstunde sollten wir gemäß Tagesprogramm gemeinsam eine „Mini-Boshi" häkeln, um den Gästen Zeit zu geben, auch andere Events zu besuchen. Das Häkeln ging dann leicht von der Hand, wenn auch viele „Vollprofis" um einiges besser häkelten als wir. Interessante Fachgespräche wurden geführt und Tipps gegeben, wie man noch besser und schöner häkeln kann. Die ersten speziellen Insider-Tricks sind bereits in dieses Buch eingeflossen! **<<**

Boshi-Anleitungen und Stories

Hamon
immer rundherum
Schwierigkeitsgrad ××

Boshi-Anleitung
In der Technik des doppelten Anschlags (siehe Seite 98) 78 Lm anschlagen, mit 1 Km zum Ring schließen und im Grundmuster häkeln.

1. Runde
2 Lm, * 1 fM, 1 Lm, ab * fortlaufend wdh bis Rd-Ende.
Im Grundmuster weiterhäkeln, dabei jeweils die fM um die Lm der Vor-Rd arb und die nächste fM der Vor-Rd mit 1 Lm übergehen. Die Rd schließen, also jede Rd mit 1 Lm beginnen und mit 1 Km in die 1. M beenden.
In dieser Einteilung nach der Farbfolge weiterhäkeln bis zum Ende der 29. Rd.

30. Runde
Um jede Lm und in jede fM der Vor-Rd 1 fM häkeln, die Rd mit 1 Km schließen.
Die Anschlagkante des Loop-Schals ebenfalls mit 1 Rd fM behäkeln.

Fertigstellen
Alle Fadenenden vernähen und das Label aufnähen

Fb = Farbe(n) >> fM = feste Masche(n) >> hStb = halbe(s) Stäbchen >> Km = Kettmasche(n) >> Lm = Luftmasche(n) >> M = Masche(n) >> R = Reihe(n) >> Rd = Runde(n) >> Stb = Stäbchen >> U = Umschlag >> wdh = wiederholen

Größe
ø 37 cm; 35 cm hoch

Boshi-Material
Schachenmayr/SMC Boston (LL 55 m/ 50 g), Fb 1: Feuer (Fb 30), 150 g; Fb 2: Mittelgrau (Fb 92), 100 g oder Fb 1: Neon-Gelb (Fb 121), 150 g; Fb 2: Burgund (Fb 132), 100 g
Häkelnadel 6 mm

Maschenprobe
6 x [1 fM, 1 Lm] und 9 R = 10 cm x 10 cm

Grundmuster
* 1 fM, 1 Lm; ab * fortlaufend wdh.

Farbfolge
* 1 Rd in Fb 1, 1 Rd in Fb 2; ab * fortlaufend wdh.

Weitere Bilder auf der nächsten Seite

S. 85

Boshi-Anleitungen und Stories

noch mehr Hamon

Mit Hamon hat auch der eisigste Wind keine Chance.

Unterwegs mit PEK-A-BUS

Bunte Mützen zu häkeln und warme Ohren zu bescheren ist eine Sache. Ganz nebenbei zu einer der (wie bereits in den Medien getitelt wurde) „erfolgreichsten Unternehmensgründungen in Oberfranken" zu werden, eine ganz andere. Wir, also Thomas und Felix, haben ein kleines Unternehmen mit Vorbildcharakter aufgebaut. Zuerst wurden wir als Leitfigur für die mäßig motivierten Grundschüler im Handarbeitsunterricht herangezogen. Die Geschichte von myboshi wird von Handarbeitslehrern immer gerne verwendet, um Jungen und Mädchen zu inspirieren, ihre Fertigkeiten vom langweiligen, gehäkelten Topflappen hin zu einer nicht nur alltagstauglichen, sondern auch noch coolen Kopfbedeckung weiterzuentwickeln.

Während für die junge Generation noch das Schaffen eines selbstgemachten Produkts im Vordergrund steht, zeigt das Startup von myboshi den Heranwachsenden, wie man mit minimalem Startkapital (zwei Knäueln Garn und einer Häkelnadel im Wert von fünf Euro), Durchhaltevermögen und einer spontanen Idee ein Unternehmen aufbauen kann. Thomas wurde bereits mehrmals als Experte zum Thema Unternehmensgründung in den Wirtschaftsunterricht diverser Schulen eingeladen, um dort jungen Menschen Mut zu machen und sie zu eigenen Gründungsideen anzuregen. (Mehr dazu lest ihr auf Seite 37.) Aufgrund der guten Resonanz bei den Schülern geht myboshi nun in Zusammenarbeit mit dem Münchener PEK-A-BUS-Team noch einen Schritt weiter: Thomas und Felix engagieren sich bei Berufswahl-, Bewerbungs- und Coaching-Seminaren sowie auf Ausbildungsmessen als Motivatoren. **<<**

Boshi-Anleitungen und Stories

Keiki
starke Kontraste
Schwierigkeitsgrad ✗ ✗ ✗

Boshi-Anleitung
Die Tasche unten beginnen. 28 Lm in Fb 1 anschlagen, 1 Wende-Lm häkeln und nur in die hinteren M-Glieder der Lm 20 hStb in Fb 1 und 8 hStb in Fb 2 arbeiten, dann in die vorderen M-Glieder 20 hStb in Fb 1 und 8 hStb in Fb 2 in die vorderen M-Glieder der Lm arbeiten.

Hinweis: Die Runde nicht wie üblich mit einer Km schließen, sondern weiter in Spiral-Rd häkeln. Der nicht benötigte Faden wird innen über die M geführt und unsichtbar mit eingearbeitet, dazu die M um den losen Faden herum häkeln.

Weiter hStb häkeln, dabei die bisherige Farbeinteilung beibehalten: 20 hStb in Fb 1, 8 hStb in Fb 2, 20 hStb in Fb 1, 8 hStb in Fb 2. Durch das spiralige Arbeiten ergibt sich der schräge Verlauf des Streifens von selbst. In 20 Rd Höhe die Arbeit wenden und 1 Rd fM in Fb 1 häkeln, mit 1 Km die Rd schließen. Den Faden abschneiden und durch die Arbeitsschlinge ziehen.

Für die Träger 76 Lm in Fb 1 anschlagen und 1 R hStb häkeln, 1 Wende-Lm in Fb 2 häkeln und noch 1 R hStb in Fb 2 arbeiten. Den Faden abschneiden und durch die Arbeitsschlinge ziehen. Den 2. Träger genauso häkeln.

Fertigstellen
Die Träger seitlich an die Oberkante der Tasche nähen, sodass der Streifen in Fb 2 jeweils nach innen weist. Alle Fadenenden vernähen und das Label annähen.

Fb = Farbe(n) >> fM = feste Masche(n) >> hStb = halbe(s) Stäbchen >> Km = Kettmasche(n) >> Lm = Luftmasche(n) >> M = Masche(n) >> R = Reihe(n) >> Rd = Runde(n) >> Stb = Stäbchen >> U = Umschlag >> wdh = wiederholen

Größe
25 cm x 29 cm

Material
Schachenmayr/SMC Boston (LL 55 m/50 g) in Anthrazit meliert (Fb 98), 150 g; Fb 2: Neon-Pink (Fb 136), 100g oder Fb 1: Violett (Fb 49), 150 g; Fb 2: Pink (Fb 35), 100 g
Häkelnadel 6 mm

Maschenprobe
12 hStb und 8 Rd mit Häkelnd 6 mm = 10 cm x 10 cm

Grundmuster
In Spiral-Rd hStb arbeiten.

Weitere Bilder auf der nächsten Seite

S. 89

Boshi-Anleitungen und Stories

noch mehr Keiki

Die Keiki passt perfekt zur Boshi Otaru aus unserem ersten Buch.

Fuafua

Anleitung auf der nächsten Seite

Größe
30 cm x 150 cm

Boshi-Material
Schachenmayr/SMC Boston
(LL 55 m/50 g) in Anthrazit meliert
(Fb 98) oder Neon-Grün (Fb 171),
300 g
Häkelnadel 6 mm

Maschenprobe
5x [1 Büschel-M, 1 Lm] und 4 R
= 10 cm x 10 cm

S. 91

Boshi-Anleitungen und Stories

Fuafua
breit wärmt besser!

Schwierigkeitsgrad ×

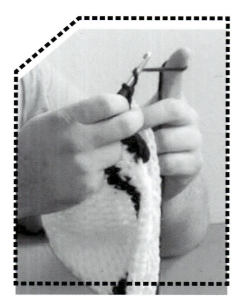

Boshi-Anleitung
In der Technik des doppelten Anschlags (siehe Seite 98) 26 Lm anschlagen. 1 Rück-R fM und 3 Wende-Lm häkeln.

2. Reihe
* 1 fM übergehen, 2 Stb in die folgende fM (= 1 Büschel-M), 1 Lm; ab * fortlaufend wdh, die R mit 1 Lm, 1 Stb beenden = 13 Büschel-M.
3. Reihe
3 Wende-Lm, dann in jede Lm der Vor-R 1 Büschel-M aus 2 Stb und anschließend 1 Lm häkeln, die R mit 1 Lm, 1 Stb beenden.
Die 3. R noch 62x wdh = 65 R insgesamt.
Zum Abschluss 1 R fM in jede Lm und jede Büschel-M häkeln.

Fertigstellen
Alle Fadenenden vernähen und das Label annähen.

Fb = Farbe(n) >> fM = feste Masche(n) >> hStb = halbe(s) Stäbchen >> Km = Kettmasche(n) >> Lm = Luftmasche(n) >> M = Masche(n) >> R = Reihe(n) >> Rd = Runde(n) >> Stb = Stäbchen >> U = Umschlag >> wdh = wiederholen

Nichts wärmt
so stylish wie
der Fuafua.

Häkeln Basics

Häkeln Basics

So wird das
gemacht

Häkeln ist easy zu erlernen und ein super Zeitvertreib.
Und das Beste: Für die Boshi-Modelle brauchst du
keine Spezialkenntnisse. Einfache Häkelmaschen wie
Luftmaschen und halbe Stäbchen genügen für die
meisten Boshis und Accessoires. Wie die gemacht
werden, lernst du auf den folgenden Seiten.

Häkeln Basics

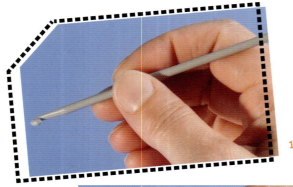

Handhaltung

>> **Halten der Häkelnadel**
Üblicherweise wird die Häkelnadel in der rechten Hand gehalten. Es gibt zwei Möglichkeiten, die Häkelnadel zu halten.

Bild 1
Halte die Häkelnadel von unten wie einen Stift. Dabei liegt der Haken ca. 3 cm vor deinem Mittelfinger.

Bild 2
Oder du hältst die Häkelnadel von oben wie ein Schneidemesser. Dabei liegt der Haken ca. 3 cm vor dem Zeigefinger.

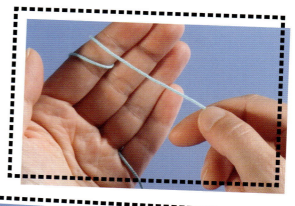

>> **Faden um die Hand schlingen**

Bild 3
Um den Faden um die linke Hand zu führen, wickle etwas Garn vom Knäuel ab. Führe den Faden zwischen Ringfinger und kleinem Finger der linken Hand von vorne nach hinten. Wickle ihn dann, von hinten kommend, zweimal um den Zeigefinger. Der Faden sollte gleichmäßig durch die Finger der Hand gleiten können. Die linke Hand korrigiert auch die Spannung des Fadens während des Häkelns.

Bild 4
Für das Fassen der Anfangsschlinge schlinge den Faden um den Daumen (sogenannte Daumenschlinge). Wickle den Faden von rechts nach links um den Daumen und halte das Fadenende mit den übrigen drei Fingern fest. Der Faden kreuzt sich zwischen Daumen und Zeigefinger.

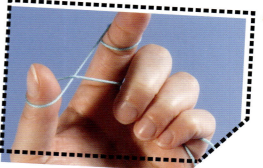

Hinweis:
Das Fadenende des Anfangsfadens sollte ca. 20 cm lang sein. Das ist ausreichend, um es vernähen zu können. Mit einem längeren Anfangsfaden kann das Häkelteil später noch zusammengenäht werden. Damit erspart man sich zusätzliche Arbeit.

Luftmaschen

Häkeln gehört zu den einfachsten Handarbeitstechniken. Im Gegensatz zum Stricken liegt meistens nur eine Schlinge über der Nadel, sodass die Handhabung sehr einfach ist. Jede Häkelarbeit beginnt mit einer Anfangsschlinge und Luftmaschen, in die die Maschen gehäkelt werden.

Die Anfangsschlinge und die Luftmaschenkette sind der **Anschlag** beim Häkeln. Die Luftmaschenkette bildet die Basis eines Häkelteils. Für jede Masche, die später gehäkelt wird, wird eine Luftmasche angeschlagen.

1 Nadel durch die Schlinge führen
Führe die Häkelnadel für die Anfangsschlinge hinter dem Daumen von unten nach oben durch die Schlinge. Gehe dann über die Fadenkreuzung und fasse den Faden mit dem Haken. Dabei legt sich dieser um die Nadel.

2 Faden durchholen
Nun holst du den Faden durch die Schlinge und ziehst gleichzeitig den Daumen aus der Schlinge. Achte dabei darauf, dass die Schlinge nicht von der Nadel rutscht. Ziehe dann die Anfangsschlinge an, sodass sie locker auf der Nadel liegt.

3 Faden mit der Häkelnadel fassen
Für die erste Luftmasche fasse den Faden erneut, dabei wird die Nadel von links nach rechts um den Faden bewegt. Der Faden liegt nun über der Nadel. Dies wird auch als Umschlag bezeichnet.

4 Fertige Luftmasche
Ziehe nun den Faden durch die Anfangsschlinge. Es bildet sich eine v-förmige Schlinge unter der Nadel, das ist die erste Luftmasche. Für jede weitere Luftmasche hole den Faden jeweils mit einem erneuten Umschlag und ziehe ihn durch die bestehende Schlinge auf der Nadel. Beim Abzählen der Luftmaschen wird mit der zuletzt gehäkelten Luftmasche begonnen und zum Anschlagbeginn zurückgezählt.
Das Foto zeigt die Vorderseite der Luftmaschenkette. Auf der Rückseite bilden sich zwischen den einzelnen Maschen kleine Rippen.

Hinweis:
Ziehe den Faden bei den Luftmaschen stets gleichmäßig fest an. Sind die Maschen zu fest, ist es schwierig, für die nachfolgenden Maschen in die Luftmaschen einzustechen. Sind sie zu locker gehäkelt, entstehen unschöne, große Schlingen an der Anschlagkante.

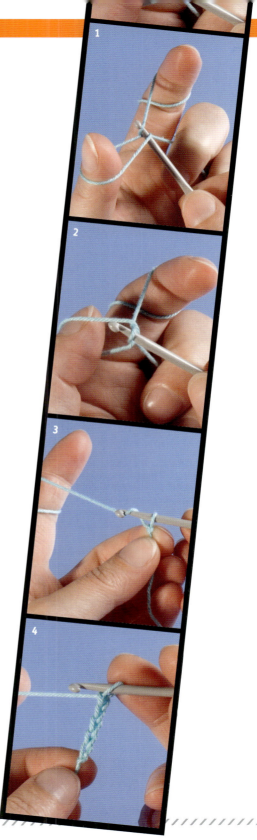

1
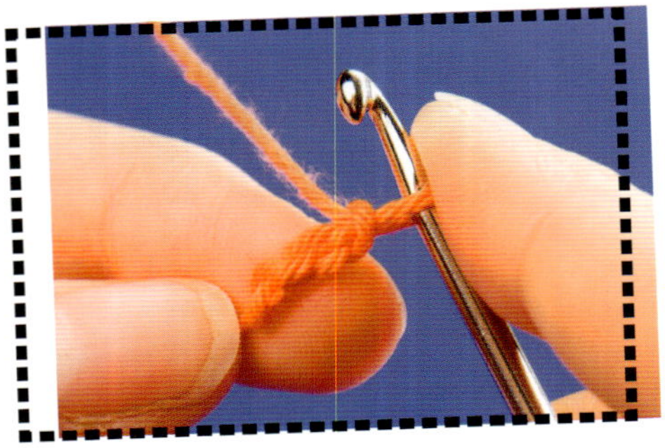

2

Doppelter Luftmaschenanschlag

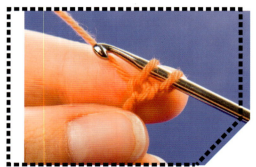

Bild 1
2 Luftmaschen anschlagen. Die Luftmaschen haben auf der Rückseite je eine kleine Querrippe.

Bild 2
In die Querrippe der 1. Lm einstechen und den Faden durchholen.

Bild 3
Den Faden wieder fassen und durch beide Schlingen holen. Es liegen nun 2 abgemaschte Schlingen dicht nebeneinander unter der Arbeitsschlinge.

Bild 4
In die linke der 2 Schlingen einstechen und den Faden durchholen. Es liegen wieder 2 Schlingen auf der Häkelnadel. Den Faden durch beide Schlingen holen.

Bild 5
Schritt 3 und 4 wdh, bis genügend Maschen angeschlagen sind.

3
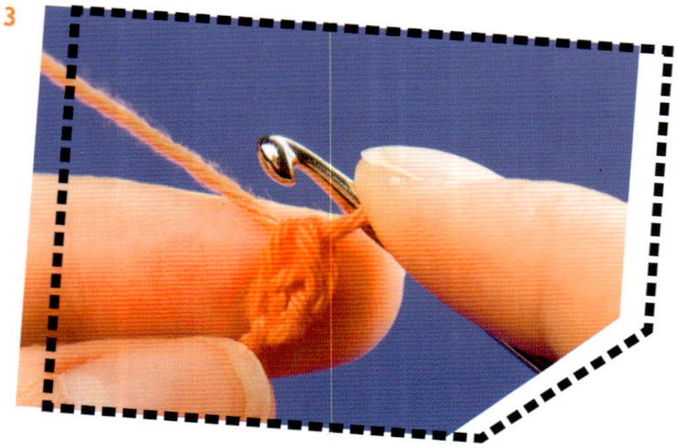

4

5

Abmaschen S. 101, Schritt 3 >> Anschlag S. 99 >> Kettmasche S. 106, Schritt 1 >> Umschlag S. 99, Schritt 3

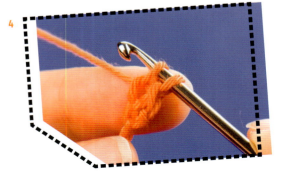

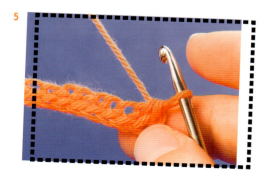

1

2

Wendeluftmasche

1 Wendeluftmaschen häkeln
Häkle am Ende jeder Reihe stets eine oder mehrere zusätzliche Luftmaschen als Wendeluftmaschen. Sie werden benötigt, da jede Grundmasche eine bestimmte Höhe hat. Mithilfe einer Luftmasche erreicht man die Arbeitshöhe von festen Maschen. Bei halben Stäbchen arbeitest du zwei Wendeluftmaschen, bei Stäbchen drei. Nach der Wendeluftmasche wendest du das Häkelteil.

2 Neue Reihe häkeln
Danach häkelst du in der zweiten sowie in jeder weiteren Reihe in jede feste Masche eine neue feste Masche. Stich zum Häkeln dabei jeweils unter den quer liegenden Schlingen am oberen Rand ein.

Häkeln Basics

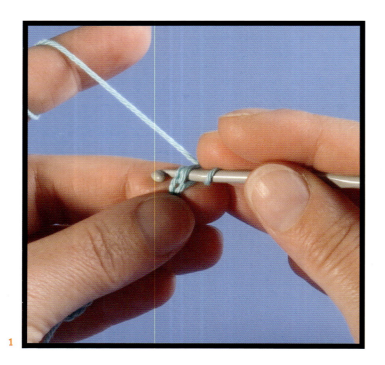

1

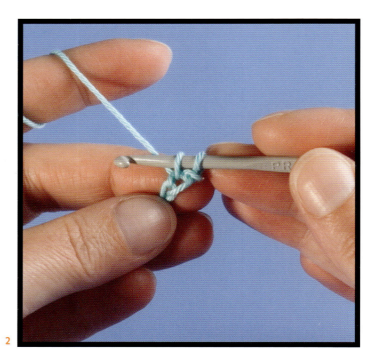

2

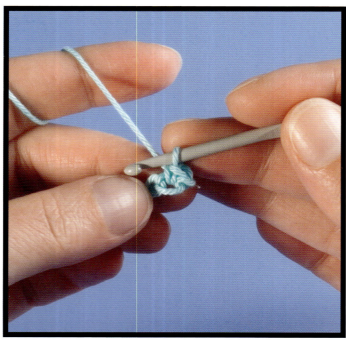

3

4

Abmaschen S. 101, Schritt 3 >> Anschlag S. 99 >> Kettmasche S. 106, Schritt 1 >> Umschlag S. 99, Schritt 3

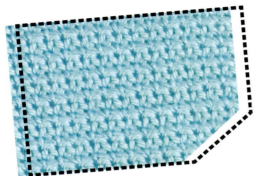

Maschenbild feste Masche
Die feste Masche ist eine kleine Masche, deren Maschenbild sehr dicht und kompakt ist. Beim Häkeln von festen Maschen in Reihen ergibt sich ein typisches Maschenbild: Jeweils zwei Reihen sehen so aus, als würden kleine Sternchen oder Blümchen nebeneinanderliegen.

Feste Masche

1 Nadel einstechen

Häkle eine Luftmaschenkette aus entsprechend vielen Luftmaschen und schlage eine zusätzliche Luftmasche an. Die zusätzliche Luftmasche ist die Wendeluftmasche (siehe auch Seite 99). Für die erste feste Masche stichst du dann in die zweite Luftmasche von der Nadel aus ein. Achte dabei darauf, dass zwei Schlingen der Luftmasche über der Nadel liegen und eine Schlinge unter der Nadel liegt.

2 Faden durchholen

Anschließend holst du mit einem Umschlag den Faden und ziehst diesen durch die Luftmasche. Es liegen nun zwei Schlingen auf der Nadel.

3 Fertige feste Masche

Hole mit einem Umschlag den Faden und ziehe ihn durch beide auf der Nadel befindlichen Schlingen. Dies bezeichnet man auch als Abmaschen. Die erste feste Masche ist fertig.

4 Mehrere feste Maschen häkeln

Nun arbeite in jede Luftmasche eine feste Masche. Stich dazu in die Luftmasche ein, wie in Schritt 1 gezeigt, und führe dann die Schritte 2 und 3 aus.

Tipp:
Besonders schön werden feste Maschen, wenn sie aus sehr dicken Garnen und mit einer Häkelnadel in entsprechend großer Nadelstärke gehäkelt werden, weil die grobmaschige Struktur dann sehr dekorativ eingesetzt werden kann. Sollen feste Maschen etwas lockerer erscheinen, so empfiehlt es sich, das Garn mit einer dickeren Häkelnadel zu häkeln als angegeben.

Häkeln Basics

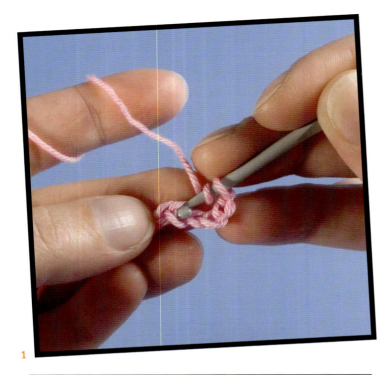

1

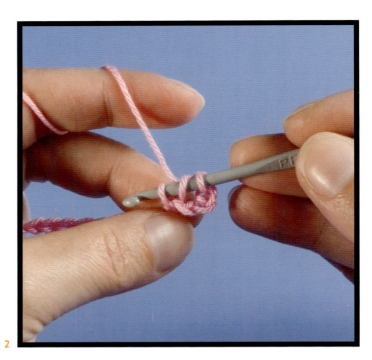

2

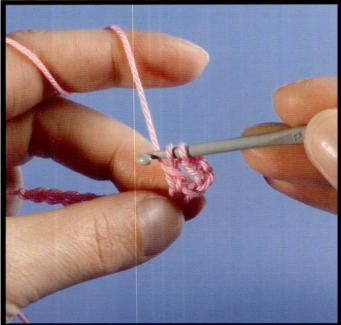

3

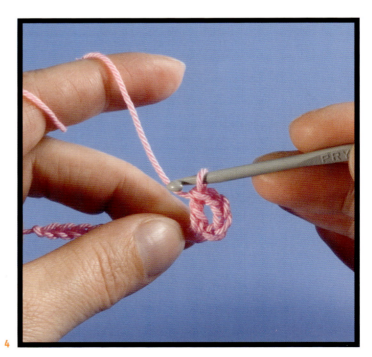

4

Abmaschen S. 101, Schritt 3 >> Anschlag S. 99 >> Kettmasche S. 106, Schritt 1 >> Umschlag S. 99, Schritt 3

Einfaches Stäbchen

1 Einstechen

Das erste Stäbchen wird durch drei Luftmaschen ersetzt. Lege für das zweite Stäbchen der ersten Reihe zuerst einen Umschlag auf die Häkelnadel. Stich danach in die fünfte Luftmasche von der Nadel aus ein.

2 Faden durchholen

Hole dann den Faden durch die Luftmasche. Es liegen nun drei Schlingen auf der Nadel.

3 Abmaschen von zwei Schlingen

Hole den Faden erneut und masche die erste und zweite Schlinge auf der Nadel zusammen ab. Es verbleiben zwei Schlingen auf der Nadel.

4 Stäbchen fertigstellen

Nun holst du den Faden ein weiteres Mal, um die beiden noch auf der Nadel befindlichen Schlingen zusammen abzumaschen. Das Foto zeigt das erste und zweite Stäbchen, dabei ist das erste Stäbchen durch drei Luftmaschen ersetzt. Für das nächste Stäbchen nimmst du wieder einen Umschlag auf die Nadel, stichst in die nächste Luftmasche ein und wiederholst die Schritte 2-4.

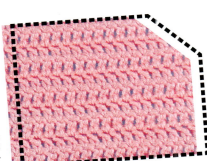

Maschenbild einfaches Stäbchen
Das einfache Stäbchen ist, neben der festen Masche, die am häufigsten verwendete Grundmasche. Im Unterschied zu festen Maschen werden bei den Stäbchen vor dem Einstechen und Häkeln der Maschen zusätzliche Umschläge auf die Häkelnadel genommen, die nacheinander abgemascht werden. Das Maschenbild von einfachen Stäbchen erscheint lockerer als bei festen Maschen. Aufgrund der länglichen Form der Maschen entsteht die typische lineare Struktur.

Halbes Stäbchen

1 Einstechen und Faden durchholen

Schlage eine Luftmaschenkette plus zwei Luftmaschen für das erste halbe Stäbchen an. Lege dann einen Umschlag auf die Nadel. Danach stichst du in die vierte Luftmasche von der Nadel aus ein und holst den Faden durch. Es liegen drei Schlingen auf der Nadel.

2 Abmaschen der Schlingen

Hole den Faden erneut und masche alle drei auf der Nadel befindlichen Schlingen zusammen ab. Das Foto zeigt das erste und zweite halbe Stäbchen, dabei ist das erste halbe Stäbchen durch zwei Luftmaschen ersetzt.

S. 103

Häkeln Basics

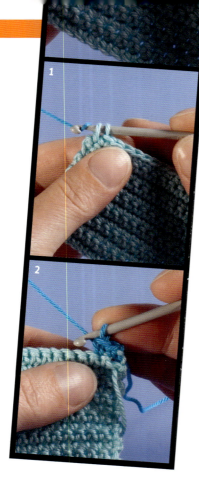

Farbwechsel bei Streifen

1 Mit neuer Farbe abmaschen
Um für ein Streifenmuster die Garnfarbe zu wechseln, holst du bei der letzten festen Masche der Vorreihe den Faden der alten Farbe mit einem Umschlag durch, sodass zwei Schlingen auf der Nadel liegen. Nun diese beiden Schlingen mit dem Garn in der neuen Farbe abmaschen. Die letzte feste Masche ist so komplett in der alten Farbe gehäkelt, die Schlinge auf der Nadel hat bereits die neue Farbe.

2 Mit neuer Farbe weiterarbeiten
Nun häkelst du wie gewohnt eine zusätzliche Wendeluftmasche, wendest das Häkelstück und arbeitest weiter feste Maschen.

Hinweis:
Sind die Streifen sehr breit, ist es ratsam, die Fäden nach Beenden der Streifen abzuschneiden und zu vernähen (siehe Seite 109). Sind die Streifen schmal, kann der stillgelegte Faden der ersten Farbe mit dem Faden der in Arbeit befindlichen zweiten Farbe gekreuzt und nach oben gespannt werden. Dann führst du den Farbwechsel aus. Achte dabei darauf, dass der gespannte Faden nicht zu kurz ist, da sich sonst die Kante des Häkelteils zusammenzieht.

Farbwechsel in Runden

Beim Farbwechsel in Runden sollte die Kettmasche am Ende der Runde immer schon in der Farbe der nächsten Runde gearbeitet werden. Dafür den Faden der eben gearbeiteten Runde hängen lassen und den Faden der neuen Farbe durchholen.

Abmaschen S. 101, Schritt 3 >> Anschlag S. 99 >> Kettmasche S. 106, Schritt 1 >> Umschlag S. 99, Schritt 3

Büschelmaschen

Bild 1
In die nächste Masche der Reihe ein Stäbchen arbeiten, aber vor dem letzten Abmaschen aufhören. Es liegen zwei Schlingen auf der Nadel.

Bild 2
Ein weiteres Stäbchen in die nächste Masche der Reihe häkeln und wieder vor dem letzten Abmaschen stoppen. Es liegen drei Schlingen auf der Nadel.

Bild 3
Den Faden durch alle drei Schlingen holen. Die Büschelmasche ist fertig.

Häkeln Basics

In Runden häkeln

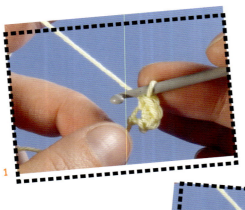

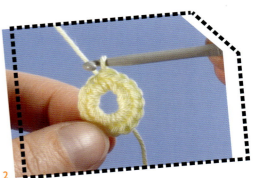

Beim Häkeln von runden Formen beginnst du üblicherweise in der Mitte und häkelst in Runden nach außen. Die runde Form entsteht dabei durch gleichmäßiges Zunehmen von Maschen innerhalb der Runden.

>> Rundhäkeln mit zwei Luftmaschen

Das Rundhäkeln mit zwei Luftmaschen eignet sich dann, wenn nur wenige Maschen am Rundenanfang gehäkelt werden sollen (maximal 8–10 feste Maschen). Der Rundenanfang bleibt dicht geschlossen; es entsteht nur ein ganz kleines Loch, das mit dem Anfangsfaden beim Vernähen ggf. noch zusammengezogen werden kann.

1 Einstechen in die zweite Luftmasche

Schlage zuerst zwei Luftmaschen an. Stich danach für die erste Runde stets in die zweite Luftmasche von der Nadel aus ein und häkle feste Maschen.

2 Maschenkreis fertigstellen

Nach der Ausführung von mehreren Häkelmaschen entsteht ein kleiner Maschenkreis.

>> Rundhäkeln mit Luftmaschenkette

Das Rundhäkeln mit Luftmaschenkette eignet sich, wenn viele Maschen am Rundenanfang gehäkelt werden sollen. In der Mitte entsteht ein Loch.

1 Luftmaschenkette zum Kreis schließen

Schlage zuerst eine Luftmaschenkette an. Schließe diese mit einer **Kettmasche** zur Runde. Dafür legst du die Luftmaschenkette zu einem Kreis, stichst in die letzte Luftmasche ein ziehst und den Faden durch die Luftmasche und danach durch die Schlinge auf der Nadel. Anfang und Ende der Luftmaschenkette sind nun verbunden.

2 Häkeln der ersten Runde

Häkle dann eine zusätzliche Luftmasche, um die Arbeitshöhe der festen Maschen zu erreichen. Danach häkelst du feste Maschen, wobei du stets durch die Mitte von vorne nach hinten einstichst und den Faden um den Luftmaschenring durchholst.

Hinweis:
Kettmaschen (siehe Schritt 1) sind sehr flache Maschen. Sie werden beim Rundhäkeln stets zum Schließen von Runden gearbeitet.

>> Stäbchen in Runden

1 Stäbchen in Luftmaschenkreis arbeiten
Schlage zuerst eine Luftmaschenkette an und schließe diese mit einer Kettmasche zur Runde. Häkle dann in der ersten Runde dicht nebeneinander Stäbchen in den Luftmaschenring. Ersetze dabei das erste Stäbchen durch drei Luftmaschen.

2 Beginn der zweiten Runde
Schließe nun diese und jede weitere Runde mit einer Kettmasche in die oberste Luftmasche des ersten Stäbchens. Schlage in der zweiten und jeder folgenden Runde drei Luftmaschen für das erste Stäbchen an und häkle weiter in Runden Stäbchen.

Spiralrunden

In der Regel werden Spiralrunden nur mit festen Maschen gehäkelt, weil diese Maschen sehr niedrig sind. In Spiralrunden werden die Maschen spiralförmig über den Rundenanfang hinweg fortlaufend gehäkelt. Der Vorteil ist, dass es keine sichtbaren Übergänge gibt. Dadurch erscheint das Maschenbild gleichmäßig. Um den Rundenanfang sichtbar zu machen, lege zunächst zwischen der letzten Masche der ersten Runde und der ersten Masche der folgenden Runde einen Kontrastfaden ein. Danach häkle mit festen Maschen weiter. Es empfiehlt sich, in regelmäßigen Abständen weitere Kontrastfäden einzulegen. Dies erleichtert das Abzählen der Runden.

Hinweis:
Beim Häkeln von Spiralrunden ist zu beachten, dass der Rundenanfang sich nach oben verlaufend leicht nach rechts verschiebt. Wird ein gerade nach oben laufender Rundenanfang gewünscht, so ist es ratsam, jede Runde mit einer Kettmasche in die erste feste Masche zu schließen, am Beginn der folgenden Runde eine zusätzliche Luftmasche zu häkeln und dann die neue Runde zu arbeiten.

Häkeln Basics

Maschenzunahme

Soll eine einzelne Masche zugenommen werden, „verdoppelst" du eine bereits gehäkelte Masche. Dafür häkle in die Einstichstelle der zuletzt gehäkelten Masche eine zweite Masche. Alle Arten von Grundmaschen können so zugenommen werden. Diese Zunahme kann in Runden und in Reihen erfolgen. Die Maschenzahl vergrößert sich um eine Masche.

Maschenabnahme

>> Zwei feste Maschen zusammen abmaschen

Sollen zwei feste Maschen abgenommen werden, holst du für jede feste Masche je eine Schlinge auf die Häkelnadel. Anschließend werden alle drei auf der Nadel befindlichen Schlingen zusammen abgemascht. Die Maschenzahl verringert sich um eine Masche.

>> Zwei Stäbchen zusammen abmaschen

Ein Stäbchen zur Hälfte abmaschen
Zuerst das erste Stäbchen zur Hälfte abmaschen. Es liegen zwei Schlingen auf der Nadel.

Das zweite Stäbchen zu Hälfte abmaschen (ohne Bild)
Anschließend häkelst du das zweite Stäbchen und maschst dieses ebenfalls nur zur Hälfte ab. Es liegen drei Schlingen auf der Nadel. Masche dann mit einem neuen Umschlag alle drei Schlingen zusammen ab. Die Maschenzahl verringert sich um eine Masche.

Tipp:
Eine einzelne Masche kann auch abgenommen werden, indem du eine Masche überspringst, d. h. die neu zu häkelnde Masche erst in die übernächste Masche der Vorreihe häkelst. Dieses Verfahren eignet sich jedoch fast nur für feste Maschen, da sonst unschöne Löcher entstehen können.

Abmaschen S. 101, Schritt 3 >> Anschlag S. 99 >> Kettmasche S. 106, Schritt 1 >> Umschlag S. 99, Schritt 3

Maschenprobe

Das Foto zeigt eine Maschenprobe. Hier ergeben 25 feste Maschen eine Breite von 10 cm.

Die Maschenprobe oder Häkelprobe ist ein wichtiger Bestandteil jeder Häkelanleitung. Sie bezieht sich in der Regel auf ein Quadrat von 10 cm x 10 cm und gibt jeweils die Anzahl der Maschen in der Breite und die Anzahl der Reihen in der Höhe an. Zusätzlich werden Angaben über das gehäkelte Muster und die Nadelstärke gemacht. Auch wenn ein Garn mehrfädig verhäkelt werden soll, finden sich die Angaben in der Maschenprobe.

Um sicherzugehen, dass du den Angaben entsprechend häkelst, ist es erforderlich, ein Läppchen von ca. 12 cm x 12 cm Größe gemäß Maschenprobe anzufertigen. Spanne das Läppchen dann vorsichtig und zähle die Maschen bzw. Reihen auf einer Fläche von 10 cm x 10 cm aus.

>> Nun gibt es drei Möglichkeiten:

1. Deine Maschen- und Reihenzahl entspricht genau den Angaben der Maschenprobe. Dann kannst du bei der gewählten Nadelstärke bleiben.
2. Deine Maschen- und Reihenzahl ist größer. Das bedeutet, dass du fester als angegeben häkelst. Verwende deshalb eine Häkelnadel mit größerer Nadelstärke.
3. Deine Maschen- und Reihenzahl ist kleiner. Das bedeutet, dass du lockerer als angegeben häkelst. Verwende eine Häkelnadel mit kleinerer Nadelstärke.

Faden vernähen

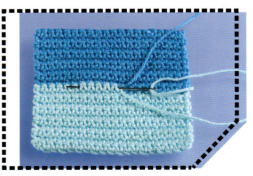

Anfangs- und Endfäden müssen stets gesichert werden. Verwende hierfür eine Wollnadel oder eine stumpfe Sticknadel. Ziehe die Fäden jeweils auf eine Länge von ca. 3-4 cm in die Außenkante des Häkelteils ein. Sollen Häkelteile zusammengenäht oder -gehäkelt werden, so empfiehlt es sich, diesen Arbeitsschritt vorzuziehen und dann die Fäden in der Außenkante zu vernähen.

Es ist auch möglich, die Anfangs- und Endfäden auf der Rückseite eines Häkelteils zu vernähen. Dies geht bei festen Maschen recht gut, da diese dicht und kompakt sind. Es empfiehlt sich auch dann, wenn dicke, grobmaschige Häkelteile zusammengenäht oder -gehäkelt werden und die Außenkanten schon relativ dick sind, sodass vernähte Fäden zusätzlich auftragen würden.

Tipp:
Häkle einen neuen Knäuel stets am Anfang einer neuen Reihe an. Vernähe, wenn möglich, am Rand und nicht innerhalb eines Häkelteils. Bei feinen Garnen können die vernähten Fäden unschöre Verdickungen bilden. Solltest du doch einmal innerhalb eines Häkelteils vernähen müssen, so empfiehlt es sich, den Faden vorsichtig dem Maschenlauf folgend in das Häkelstück einzuziehen.

Krebsmaschen

Fransen einknüpfen

Fransen verzieren oft Kanten, wie z. B. an Schals oder Kissen. Zur Herstellung werden feste Pappe und eine spitze Schere benötigt.

Aus der Pappe ein Rechteck schneiden, das 2 cm höher als die Länge der gewünschten Fransen ist. Die Pappe gleichmäßig und nicht zu fest mit dem Garn umwickeln. Die umwickelten Fäden am unteren Rand aufschneiden und die doppelt liegenden Fäden vorsichtig von der Pappe nehmen. Mit einer passenden Häkelnadel am Rand einstechen, den doppelten Faden mittig fassen und durchziehen, sodass eine Schlinge entsteht. Die Endfäden durch diese Schlinge ziehen und vorsichtig anziehen. Zuletzt alle Fransen auf die gleiche Länge schneiden.

1 Einstechen
Krebsmaschen sind feste Maschen, die in umgekehrter Richtung, also von links nach rechts gehäkelt werden. In die feste Masche der Vorreihe von vorne nach hinten einstechen. Die Schlinge auf der Nadel liegt flach auf dem Häkelteil.

2 Faden durchholen
Nun den Faden durchholen und beide Schlingen zusammen nach oben ziehen, damit die Masche nicht zu fest wird. Die beiden Schlingen liegen dicht an dicht auf der Nadel. Den Faden durch beide Schlingen ziehen. Die Krebsmaschen ergeben einen kordelartigen Abschluss.

Bommel wickeln

Deine Boshi kannst du nach Belieben mit einer Bommel verzieren. Zur Herstellung brauchst du feste Pappe, eine spitze Schere und eine Nadel mit großem Öhr. Als Garn für die Bommel eignen sich eher die dünneren Garne (Schachenmayr/SMC Boston und Schachenmayr/SMC Silenzio); die dicken Garne (Schachenmayr/SMC Bravo Big) sind nicht so geeignet.

1 Kartonringe umwickeln

Schneide aus der Pappe 2 Scheiben mit einem Durchmesser in der gewünschten Bommelgröße aus. Danach schneidest du in die Mitte der Pappscheiben jeweils ein rundes Loch. Der Durchmesser des Lochs entspricht etwa einem Drittel des Gesamtdurchmessers. Lege die beiden Scheiben aufeinander und umwickle sie nicht zu fest mit Garn, bis das Loch vollständig ausgefüllt ist.

2 Wicklungen aufschneiden

Schneide nun das Garn entlang den Außenkanten auf. Ziehe einen doppelten Faden zwischen die beiden Pappscheiben und binde die Bommel damit fest ab. Verknote den Faden sicher, lasse dabei ein Ende stehen, mit dem du die Bommel später an die Mütze annähen kannst. Jetzt ziehe die Pappscheiben ab (reiße sie notfalls ein). Schneide die Bommel gleichmäßig rund und nähe sie an deine Boshi.

Tipp:
Im Fachhandel kannst du Bommel-Sets aus Plastik kaufen, mit denen das Bommelwickeln einfacher und schneller geht. Du kannst beide Hälften einzeln umwickeln, dann zusammenklappen, aufschneiden und abbinden. Die Plastik-Halbringe lassen sich leicht abziehen und wiederverwenden.

1

2

S. iii

Danke!

>> Impressum

Wir bedanken uns bei unseren Freundinnen Conny und Lisa, die uns in schwierigen Zeiten immer unterstützen. Natürlich geht der Dank auch an alle Häkler und Häklerinnen, die unser erstes Buch gekauft haben. Ohne euch hätten wir nicht die Chance, das zweite Buch zu veröffentlichen.

Wir danken außerdem der Firma Coats für die freundliche Unterstützung mit Garn: Coats GmbH, Kenzingen, www.knitsmc.com.

Modelle: Thomas Jaenisch und Felix Rohland (S. 16-20, 22-27, 30-32, 34-36, 38-44, 64-65, 70-72, 80-82, 84-86, 91-93); AnneThiemeyer (S. 46-48, 52-54, 59-61, 74-76); Barbara Sander (S. 49-51, 56-58, 66-68, 77-79, 88-90)
Fotos: frechverlag Stuttgart; myboshi (S. 37, 73, 87); maak roberts (S. 55); Coats GmbH (S. 83) ; Fotostudio Ullrich & Co., Renningen (S. 96-97, 99-104 oben, 106-111); lichtpunkt, Michael Ruder, Stuttgart (restliche Bilder)
Produktmanagement: Miriam Heil
Lektorat: Helene Weinold, Violau
Gestaltung: Carolin Weidemann, weidemannDESIGN, Köln
Layout: Petra Theilfarth
Label-Design: Designbüro Knüpfer, Daniel Knüpfer, Konradsreuth
Druck und Bindung: Korotan, Slowenien

Materialangaben und Arbeitshinweise in diesem Buch wurden von den Autoren und den Mitarbeitern des Verlags sorgfältig geprüft. Eine Garantie wird jedoch nicht übernommen. Autoren und Verlag können für eventuell auftretende Fehler oder Schäden nicht haftbar gemacht werden. Das Werk und die darin gezeigten Modelle sind urheberrechtlich geschützt. Die Vervielfältigung und Verbreitung ist, außer für private, nicht kommerzielle Zwecke, untersagt und wird zivil-und strafrechtlich verfolgt. Dies gilt insbesondere für eine Verbreitung des Werkes durch Fotokopien, Film, Funk und Fernsehen, elektronische Medien und Internet sowie für eine gewerbliche Nutzung der gezeigten Modelle. Bei Verwendung im Unterricht und in Kursen ist auf dieses Buch hinzuweisen.

1. Auflage 2012
© 2012 frechverlag GmbH, 70499 Stuttgart
ISBN 978-3-7724-6783-7 • Best.-Nr. 6783

HILFESTELLUNG ZU ALLEN FRAGEN, DIE MATERIALIEN UND KREATIVBÜCHER BETREFFEN: FRAU ERIKA NOLL BERÄT DICH. RUF AN: 05052/91 18 58*

*normale Telefongebühren